智元微库

OPEN MIND

成 长 也 是 一 种 美 好

告别拖拉磨蹭

不逼不催，5 步让孩子自主自律

侯沁舲 —— 著

人民邮电出版社
北京

图书在版编目（CIP）数据

告别拖拉磨蹭：不逼不催，5 步让孩子自主自律 /
侯沁舲著. -- 北京 ：人民邮电出版社，2025. -- ISBN
978-7-115-67005-2

Ⅰ. G782

中国国家版本馆 CIP 数据核字第 20257MD123 号

◆　　著　侯沁舲
　　责任编辑　王铎霖
　　责任印制　周昇亮
◆人民邮电出版社出版发行　　　　　北京市丰台区成寿寺路 11 号
　邮编 100164　电子邮件 315@ptpress.com.cn
　网址 https://www.ptpress.com.cn
　天津千鹤文化传播有限公司印刷
◆开本：880×1230　1/32
　印张：6.5　　　　　　　　　　　2025 年 6 月第 1 版
　字数：130 千字　　　　　　　　 2025 年 6 月天津第 1 次印刷

定　价：59.80 元（附小册子）

读者服务热线：（010）67630125　印装质量热线：（010）81055316
反盗版热线：（010）81055315

父母好好学习，孩子天天向上

冰山理论，我们都听说过。

精神分析学家弗洛伊德的冰山理论把一个人的心理、意识比作一座漂浮在海面上的冰山，其中只有一小部分是显性意识，更大的部分是潜意识。对于大海中的冰山，我们看到的、露出水面的那一部分其实是很小很小的，而我们看不到的、淹没在水中的才是绝大部分。在家庭教育的场景中，我们可以将冰山理论理解为，很多时候孩子表现出来的问题或许只是冰山的一角，这些问题背后隐藏的部分，才是问题的根源所在。

例如，拖拉磨蹭只是孩子在日常生活中表现出来的行为，孩子很难说清自己为什么会拖拉磨蹭，他是无意识的。当孩子不想写作业时，他不会说是因为作业太难了，或是学校今天发生了什么事情，抑或是其他原因，只会说不想写作业。

我曾经给我女儿报过一个舞蹈课，刚开始时，她学习意愿特别强烈，每天问我什么时候可以去跳舞，一周两次课，每次都活力满满地去，开开心心地回。但是好景不长，上了两三周的舞蹈课之后，她不仅再也不问什么时候上课了，还开始找各种借口不去上课，磨磨蹭蹭，每次上课都迟到。

在刚开始出现这种情况时，我没有太在意，以为是孩子过了新鲜劲儿，有点磨蹭是正常的。然而，女儿磨蹭的次数多了，我和她之间的冲突在无形中也增多了。有一天，女儿直接"撂挑子"，跟我说："爸爸，我不想去上舞蹈课了。"那时我才意识到，问题可能没有我想的那么简单。

在有意识地观察了解后，我才发现，女儿上的舞蹈课对她来说已经是一种折磨了。随着课程难度增大，她在身体上受不了，在心理上，上课自然也就成了一种折磨。

然而，女儿并没有表达她为什么不想去上课，我一开始也只看到了她的拖拉磨蹭，实际上，这个问题只是冰山一角。现在想起来，当时没能更好地察觉，帮她解决问题，对此，我对女儿仍有一丝后悔和愧疚。

这么多年，我接待过许多来访咨询的家长，最终发现拖拉磨蹭是很多孩子都有的"毛病"，或者说共性。在很多时候，我们只把拖拉磨蹭当作孩子的一个小小的坏习惯，但实际上，孩子的很多问题，都是从拖拉磨蹭开始显现的。

例如，很多孩子厌学，是从写作业拖拉开始显现的；自卑是从上学经常迟到，甚至抗拒上学开始显现的；抑郁是从不想出门，不爱跟他人来往，社交拖拉开始显现的；叛逆是从不执行父母规定好的要求开始显现的。

很多家长是等到孩子厌学、自卑、抑郁、叛逆等问题出现后，才开始意识到这些问题的存在的。其实对于这些问题，预防是大于治疗的。

要解决孩子拖拉磨蹭的问题，看起来需要对他们进行行为纠正，但实际上，导致孩子拖拉磨蹭的原因有很多。例如，孩子写作业拖拉，原因可能是父母经常在孩子写作业时指责批评孩子；可能是作业难度大，孩子没有信心完成；可能是这个学科并不是孩子擅长的；可能是今天被老师批评了，孩子内心有情绪；可能是孩子并不知道完成作业对他来说有什么意义等。

我们只有从问题的根源入手，了解行为背后的真实原因，才能走进孩子的内心，由内而外地帮孩子更好地成长。

我把这些问题、对应的原因以及解决方案，总结成了本书。

在第一章认知偏差中，我希望帮助父母了解我们之所以会和孩子产生冲突，在很大程度上是因为我们和孩子之间存在认知偏差，我们看不到孩子的真实想法。了解认知偏差，减少认知偏差，我们更容易走进孩子的内心，也更容易解决孩子存在的问题。

第二章行为管理，会针对孩子拖拉磨蹭问题及其他日常问题给出具体的解决方法，努力让每一个父母在面对孩子的行为时，都能做到有效引导、有效管理。

第三章建立自信，目的在于从根本上解决拖拉磨蹭问题，帮助和引导孩子建立自信，提升孩子的自我效能感，让孩子更加从容地面对困难和挑战。

我们都知道，在孩子出现拖拉磨蹭问题时，发脾气并不是一个好的选择，但我们时常不知该如何处理情绪。第四章管理情绪帮助家长有效管理情绪，并帮助孩子调节情绪，而且学会正确地发泄负面情绪。

第五章自主学习，希望培养孩子的自主感、胜任感和归属感，激发孩子的主动性，让每一个孩子都愿学、会学、乐学。

这五章内容，是相对独立又与本书其他内容紧密相连的。孩子出现问题的原因往往是多维的，并非只有唯一原因。就好比孩子遇到了一个难题，产生这个难题的原因既有可能是孩子缺乏自信，也有可能是孩子缺乏主动性，甚至可能有多个原因共同导致该难题的产生。

本书的重点就是帮助家长找到孩子拖拉磨蹭背后的真正原因，并从根源上解决孩子和家长遇到的大部分难题。

我一直认为，家庭教育的初衷并不是使问题不再发生，而是让我们在问题发生时可以游刃有余地解决。尤其是在面对孩子的各种"疑难杂症"时，我们需要从深处探究，把问题纳入心理课题中。

甚至可以这么说，我们并不只是在帮助孩子解决认知、行为、情绪和动机方面的问题，更是在帮助孩子解决心理健康问题。这一路任重而道远，希望我们能够携手共勉。

目 录
CONTENTS

CHAPTER

1

——

第一章

认知偏差

孩子和我们想的不一样

在养育孩子的过程中，随着孩子慢慢长大，我们难免会和孩子发生一些冲突，这些冲突之所以发生，在很大程度上是因为我们和孩子之间其实存在认知偏差。

有时候，我们认为我们所做的一切都是为了孩子好，孩子却觉得我们是在变相伤害他；有时候，我们认为孩子犯错是可怕的，但实际上犯错只是孩子的一种试探和探索。我们和孩子之间的认知偏差，可能会让我们看不到孩子的真实想法，进而无法真正地了解孩子。

如何减少认知偏差，缩短和孩子之间的距离，了解孩子的内心，我们将慢慢展开讨论。

在本章的最后，我还将给出一份"谈话禁忌清单"以及一张调整认知偏差的"思维记录表"。为人父母，我们都可以做得更好。

第一节
父母和孩子之间的冲突，大多是认知偏差惹的祸

在生活中，父母与孩子之间的认知偏差其实是随处可见的。

在辅导孩子写作业时，我家的气氛常常是大人苦恼、孩子委屈。很多时候，我觉得我是在非常耐心地告诉女儿这道题做对了或者做错了，并且辅导她应该怎么解题，但孩子总觉得我太严肃，委屈巴巴地跟她妈妈告状，辅导孩子写作业的结果往往都是不欢而散。

为什么会这样呢？其实，这是因为我们和孩子之间存在认知偏差。

父母认为的和孩子认为的之间，存在偏差；父母认为的和事实之间，也存在偏差。但我们常常会忽略这些偏差，掉进在心理学上被称作合理化的陷阱。

合理化是人类心理上的一种自我防御机制：即使现实和我们的认知与期待不符，我们依旧会千方百计地证明自己的认知是合理的，换句话说就是，为了证明自己是正确的而找各种理由。

"双标"[①] 其实就是合理化的一种体现，例如孩子玩手机是玩

---

① 双重标准，即对同一性质的事情，根据自己的喜好等原因做出截然不同的判断。——编者注

物丧志，大人玩手机就是在工作；孩子发脾气是态度不好，大人发脾气就是释放压力……我们往往会不自觉地在这些情景中让自己的行为合理化，而无法看见孩子真正的需求。

01 看见结果和过程的冲突，才能真正理解孩子 ■■□

美国儿童心理学家朱迪思·斯梅塔娜认为，父母与孩子的冲突与双方认知方式的差异有关，尤其是在孩子的儿童阶段和青少年阶段。[①]

在儿童阶段和青少年阶段，孩子的认知思维开始从具体运算过渡到形式运算，在这一阶段，孩子的逻辑思维能力开始得到发展，个体的独立自主性也在慢慢增强，他们不再盲目地服从于父母的权威。

但是，由于孩子的认知能力发展得还不成熟，他们不可避免地会在逻辑判断上出现一定偏差，导致他们在与父母的沟通交流过程中产生摩擦冲突。

摩擦冲突的结果就是，父母是愤怒的，孩子是不理解父母的。

家长和孩子之间有冲突分歧，在家庭教育中是比较常见的。因为年龄代沟是客观存在的，所以双方有着不同的价值观、生活

---

① 在心理学、教育学中，儿童阶段通常指 6 ~ 12 岁（学龄期），部分研究涵盖出生至青春期前（0 ~ 12 岁）；青少年阶段通常指 13 ~ 18 岁（青春期），部分研究扩展至成年早期。——编者注

经验和对问题的看法。

例如，关于孩子学习这件事情，我们关注的往往是结果，也就是孩子的学习成绩，我们认为只有学习成绩好，孩子将来的人生才可能更加顺遂；而孩子关注的则是过程，他只想着在学习的过程中，自己能不能开心些，可以不可以少写点作业，多玩一会儿。

对于家长和孩子的关注点不同的问题，我在工作时曾采访过很多家长和学生。我问他们选择来我们这里学习的原因是什么。

大部分家长回答的都是：学习效果不错，孩子的成绩有了明显提高。

当我问学生同样的问题时，他们回答的则是：我喜欢某个老师，他讲课很有意思；我喜欢某个老师，他作业留得不多。很显然，孩子们关注的是学习的过程。

从家长和孩子的关注点，我们还可以看出：家长在意的是长期利益；而孩子在意的是眼前利益。也就是说，家长关注的是对将来的影响，而孩子关注的则是当下的体验。

大多数家长认为，如果孩子很少写作业，或者每天不写作业，那么考试成绩很可能不会太好。好的成绩，大多是依靠平时的练习和学习积累得来的。

但孩子并不这么认为，他们觉得作业太多了，自己会很累，很辛苦；而家长口中所谓的为了他好，就是只关心他的学习成绩。

孩子难道不明白，现在好好学习对将来是有好处的吗？

他们肯定是明白的，可是对孩子来说，将来太遥远了，让一个孩子为了遥远的将来改变现在的行为，是很难做到的。这需要非常强的自控力，而大多数孩子并不具备这样的自控力。

在跟孩子交流的过程中，我们每次在说出那句"我是为了你好"时，都是充满正义的。我们总是认为自己所做的一切事情，从长远的角度来说是对孩子有好处的。

当然了，我们的出发点没有错，只是我们可能忽略了一点，那就是，对孩子来说，他现在最想要的是什么。是"为了你好"吗？

很显然不是的。否则家里就不会因写作业的事情而每天鸡飞狗跳了。

我们可能会习惯性地将学习成绩视为孩子成功的关键，因此常常以"为了你好"来对孩子施加压力，要他们按照我们制定的规划去好好学习。

然而，孩子真正需要的，可能不是这种以成绩为导向的教育方式，而是在生活中得到真正的理解和尊重。

02 抛开刻板印象，才能发现孩子的变化和成长 ■■□□

无论是在咨询中，还是在日常生活中，我常常听到一些父母说："我家孩子是怎么想的我清楚得很，他以前就是这样的！"甚至我自己，也会不经意地预判孩子的想法。

孩子之前有几次一边吃东西一边写作业，后来我就会在她每次写作业前跟她说："写作业要认真，不准一边吃东西一边写作业！"尽管孩子当时并没有打算在写作业时吃东西。

你看，我们对孩子的习惯性认知往往是慢慢积累起来的，是孩子之前的行为和表现给了我们预判的基础条件——因为孩子之前是这样的，所以我们习惯性地认为孩子现在也是这样的。这种习惯性认知，就是刻板印象。

刻板印象是对某一类人或事物过于简单化和固定化的认知和评价。我们对人或事物的刻板印象不一定是错误的，并且有80%的可能是正确的，这些刻板印象都来自经历积累，是长期形成的一种惯性思维。

我们的身体基本由大脑来控制，大脑每天都在高速运转，为了节省思考时间，大脑会对一些行为线索形成特定的工作模式，一旦产生了某种特定指令，大脑就会省略思考步骤，直接开始对应的工作模式。

例如，我们都知道在图书馆，要轻声走路、禁止喧哗，只要进入这样的环境，我们的大脑就会自动调节我们的行为。这就是我们所说的行为习惯。习惯让大脑节省了思考时间，自然而然地做出了决策。

刻板印象就来源于这样的思维惯性。狼来了的故事，可以看作刻板印象形成的过程，孩子在第一次说"狼来了"时是在说谎，在第二次说"狼来了"时还是在说谎，当孩子第三次说"狼来了"时，村民就已经对孩子的言行产生了刻板印象，认为孩子依然在说谎，大家都没有再相信他。

狼来了的故事告诉我们，虽然刻板印象不一定都是错的，但我们不能被刻板印象所左右。也就是说，我们可以对孩子有刻板印象，但不能因刻板印象而对孩子的言行做习惯性预判。刻板印象之所以容易造成认知偏差，就是因为它是固化的、惯性的，很有可能会使我们看不到孩子的改变。

因此，在家长的认知偏差中存在的最大问题是，当孩子发生改变时，家长可能因对孩子的刻板印象而忽略了孩子已经发生的变化。如果我们一直用习惯性认知去评价和对待孩子，那么我们往往会让孩子感到委屈和被伤害，让孩子认为父母既不理解自己也看不到自己。

刻板印象虽然不一定是错误的，但也有误伤的可能，在家庭教育中，刻板印象带来的伤害可能会对孩子的积极性产生非常大的负面影响。这就是刻板印象最大的弊端。作为父母，我们尤其不能被刻板印象所左右。

以孩子玩手机为例，如果孩子确实只是借用手机查阅了资料，那么我们认为孩子在偷偷玩游戏的刻板印象就会伤害孩子，打击孩子的积极性，这可能会让我们错过一个让孩子变得更好的机会。

在家庭教育中，父母一定要有意识地调整自己对孩子的刻板印象，允许孩子发生变化，及时发现孩子已经发生的变化，不要让刻板印象先入为主地代替自己对孩子进行评价。

　　人与人之间的矛盾，大多是与每个人对一件事情的不同看法、不同态度有关的，我们在解决矛盾时，实际上就是在调整或纠正对不同事情的看法。只要我们在行为发生时，给自己察觉和思考的时间，先慢下来，别急着释放情绪，我们就可以看到自己的很多误区，也就能减少很多家庭矛盾。

调整自己的认知，才能更好地解决问题

在日常生活中，我们的认知偏差常常在不经意间影响我们对孩子行为的判断以及对事情的决策。

我们的认知偏差在日常生活中通常会以下面这几种方式出现。

01 夸大或缩小 ■□□

在我们心情好时，哪怕孩子半夜还在玩游戏，我们也会耐心地去引导孩子。但有时候当我们有负面情绪或者把这些事当作问题时，我们就常常会把坏的结果夸大，把好的结果缩小。

比如，已经晚上 10 点了，孩子的作业还没写完，这个时候我们可能会非常强势地介入，让孩子赶紧放下作业去睡觉。在我们看来，孩子的睡眠比写作业重要，睡眠不足带来的后果比作业没完成的后果要严重得多。这其实就是一种夸大，我们习惯性认为睡眠不足肯定会影响孩子的健康成长，但一次睡眠不足对孩子的健康来说是不足以让人担忧的。

再比如，玩手机的好处也常常会被我们有意地缩小，我们会习惯性地认为玩手机肯定会导致学习退步，却有意地忽略了玩手机可能带来的好处。

02　灾难化 ■■□□

作为父母，我们对孩子说脏话都会表现得非常抵触，但凡听到孩子说脏话，我们就会受不了，认为孩子已经学坏了，我们还会表现得特别焦虑。面对孩子说谎也是一样的，只要孩子说谎骗了我们，我们就会如临大敌，觉得孩子彻底学坏了，再也没办法挽救了。

这就是灾难化思维，即两件事情之间没有明显的因果关系，却被生硬地联系在一起被想象成为某种灾难。孩子说脏话或者说谎，可能只是一时嘴快，我们督促孩子及时纠正就好。在育儿过程中，我们需要学会慢慢摒弃灾难化思维，看到孩子真实的样子。

03　以偏概全 ■■□□

以偏概全是指没有站在全局的角度去看待孩子的问题。任何一件事其实都有多面性，有好的一面也有坏的一面。当我们看到了坏的一面时，也要想一想是否还有好的一面。

比如，孩子放学回家没有马上写作业，我们就会认为孩子拖拉磨蹭，如果我们换一个角度去思考一下：孩子是不是需要休息一下？孩子是不是有自己的规划？当我们换个角度思考时，就会跟孩子建立积极的沟通与链接，孩子也会愿意对我们表达和反馈，这样就形成了一个积极正向的循环。

04 非黑即白

我们容易对孩子的行为进行两极化评价——这件事情要么是好的，要么是坏的，我们对孩子行为的评价似乎有着非常明确的标准。但其实这是一种不理智的判断和评价。

有一些来访的家长，跟我抱怨孩子只喜欢看漫画书，问我怎么办。

其实，我们根本无须太紧张，因为我们自己设置的看书标准是"看书要看文字类的书"，所以在孩子看漫画书时，我们就开始担心了，认为他没有在看书。我们陷入了一种非黑即白的误区中。

思考一下，孩子看完漫画书，是否可以让孩子给我们讲一讲这个漫画讲的故事？在这个过程中，孩子是可以清晰描述出这个漫画的场景和一些经典台词的。这也是在训练孩子的表达能力、语言能力、逻辑思维和想象力。有时候，孩子还会给你讲许多科学常识。你看，看漫画书并不比看文字书差。只要我们走出非黑即白的误区，一切都不是问题。

05 理所当然

理所当然是一种逻辑判断，即"我认为事情应该是这样的，那它就一定是这样的"。家长一定常常有一种期望，就是事情一定要成为我们认为的特定的样子，一旦特定的样子被打破，就会引发矛盾和冲突。

比如，如果我们自己是从名校毕业的，就会认为孩子也应该上名校，至少成绩应该是不错的。我们把这种理想化的状态当作理所当然，当孩子的表现不尽如人意，成绩不能名列前茅时，我们内心一定会有一些挣扎。这时候，如果我们让自己处在"理所当然"中，不但会和孩子发生矛盾，还不利于孩子的发展。成绩只是一时的，我们的孩子还有更多闪光点。陷入理所当然的误区，我们将错过这些闪光点。

06 自我连带

自我连带就是认为别人的反应都跟自己有关系，或者自己的反应都跟别人有关系，也就是说，他人的反应都与自己有关。

比如，当看到孩子情绪不太好时，我们有时候就会想是不是因为我骂了他？是不是我不让他玩手机才这样的？现在摆脸色给谁看呢？我们越想越激动，恨不得马上就责骂孩子。

这就是典型的自我连带现象，你只允许对方保持好的状态，一旦对方的状态不好，就会想着发生了什么。其实我们不必太过紧张，在很多事情发生时，可以先让它们自然发展。父母需要先察觉到发生了什么，然后判断和理解孩子的行为。

我们的过度紧张，有时候也会影响我们的孩子。如果自我连带发生在孩子身上，那么孩子就容易形成讨好型人格，他们会认为父母的负面情绪都是因为自己才产生的，所以要通过讨好父母让自己安心。

07 贸下结论

贸下结论其实和刻板印象一样，是根据自己的习惯性认知去做判断，而不是依据充分的事实。我们的结论虽然不一定是错的，但还是会有风险。

而且，应对风险的关键在于，一旦发现自己的结论是错的，我们要怎么弥补。比如，看到孩子玩手机，我们先习惯性地认为孩子是在玩游戏没有在写作业，并骂了孩子一顿，然后发现孩子是在用手机查阅资料，这时我们不要只是看见了而已，对孩子的伤害已经产生了，我们需要及时弥补。我们应该跟孩子说确实是我们没有搞清楚状况就发脾气了。并且，要跟孩子好好沟通，在孩子下次使用手机查资料时，先进行良好的交流，避免再次发生矛盾。

08 读心术 ■■□□

读心术说的是自己没有足够的证据，就认为自己知道别人的想法。与贸下结论相比，读心术判断的是"想什么"。

作为父母，我们或许认为自己是最了解孩子的。有一次我在外面吃早餐，旁边坐着一对母子。孩子说头有点痛，话还没说完，妈妈就说："你是真的头痛还是不想上学？你以为说头痛就可以请假回家了吗？"我看着孩子欲言又止的样子，心中满是心疼。

我们其实并没有所谓的"读心术"，但我们可以多走进孩子的心里，真正地了解孩子，这样我们才能知道孩子的想法，才能知道接下来该怎么做。

09 选择性关注 ■■□□

对家长和孩子来说，选择性关注是指家长往往只关注事情比较消极的一面，而忽略其积极的一面，这有点像我们说的"悲观的人"和"乐观的人"。

在以往的咨询案例中，我也会遇到这样的家长：你让他说出孩子的优点，他会反过来说孩子的缺点，或者每一句夸赞的话后面都会跟着一句批评的话。这种现象出现的原因，就是家长因过多地关注孩子做得不好的地方，而产生了一些消极的评价，选择性地忽视了孩子做得好的地方。

　　作为父母，我们很难做到没有丝毫的认知偏差。我们只有了解和正视自己可能存在的种种错误认知，才有可能用更客观的视角去理解孩子，化解家庭教育中的矛盾和冲突。

第三节

孩子犯错并没有那么可怕

作为父母，我们都很怕孩子犯错，有时候甚至觉得孩子犯一次错就会导致难以承受的后果。这其实是因为我们对犯错产生了误解。

事实上，孩子犯错这件事本身没有我们想的那么难以承受。如果孩子把衣服弄脏了，教孩子洗干净就好；如果孩子因忘记检查试卷而成绩不理想，那么在下次考试时注意就好了……人的一生很长，小时候犯下的错，只要正确引导，都会是财富，我们不必如临大敌。

01 孩子为什么会犯错 ■■□□

孩子的行动都基于趋利避害的本能，也就是孩子想做的事一定是对他有益的。比如孩子想出去玩而不想学习，对孩子而言，玩比学习更让他感到愉悦。这种本能无关好坏，也不能用对和错去评判。

但如果加入了社会评价，比如父母的要求、学校的要求或者人与人之间基本的交往需求，那么孩子的行为就有了对错之分。比如"挑食"这个行为本身没有对错，毕竟人都有自己的偏好，有自己想吃的东西，但如果我们在家里规定了"为了身体健康，孩子不可以挑食"，那么如果孩子仍然挑食，我们就可以说他犯错了，他违反了家里的规定。

总而言之，孩子是否有错，取决于他身处的环境对他行为的要求——环境对孩子没要求，从某种程度上讲，孩子就没有犯错；环境对孩子有要求，孩子就可能做出错误行为。

孩子犯错后，我们也不用太过焦虑，孩子犯错也有好处。

02 孩子犯错的好处

著名儿童教育心理学家阿德勒说："在人类心理发展过程中出现各种错误是不足为奇的。"而我们要挖掘孩子犯错的好处，帮助孩子成长。

第一，孩子能在犯错过程中，了解本能需求和社会需求的矛盾。

比如孩子不被允许在上课时随便走动，对老师来说，孩子乱走扰乱了课堂秩序。但在老师指出乱走的错误之后，孩子就能更深刻了解课堂的规则，也能发现自己想做的事情和规则之间的冲突。

在不断犯错的过程中，孩子能更好地了解做出什么行为是被允许的，做出什么行为是不被允许的。从这个角度来看，孩子犯错的过程也是孩子逐渐成长，学会约束自己行为的过程。

如果我们没有跟孩子讲明白规则，孩子犯错了，我们是不应该惩罚孩子的，因为"不知者无罪"。而当我们和孩子讲明白规则后，孩子犯错了，我们就可以按照约定惩罚孩子。

第二，孩子犯错能触发家长对教育孩子的反思。

从动机的角度来看，犯错分为无意识犯错和主动犯错两种类型。无意识犯错是孩子不知道自己做出的行为是不被允许的，而主动犯错就是清楚规则却依旧犯错。

孩子犯错后，我们的第一反应常常是："你怎么能这样做呢？"其实遇到孩子犯错的情况，我们需要先确定孩子犯的错属于哪种类型。如果孩子是无意为之，在无意识之下犯了错，比如孩子和小伙伴打闹时不小心把东西摔碎了，我们需要弄清楚犯错原因，再和孩子约定好规则和做错事的惩罚；如果孩子是故意犯错的，比如不认真听讲还抄作业，那我们就需要在了解犯错原因后，对孩子进行一些惩罚，让孩子长记性。

在孩子犯错后，如果我们能够反思自己的教育方式，反思自己的情绪态度，反思孩子与自己的关系，就能够更了解孩子，对孩子有更多的耐心。毕竟孩子就是在不断犯错、改错的过程中逐渐成长起来的。

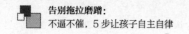
03 家长如何改变思维方式 ■□□

我们养育孩子，也在养育孩子的过程中不断调整和提升自己。我们需要有意识地调整思维方式，特别是要减少认知偏差，打破大脑固化论等陈旧观念，给孩子充分的犯错和纠错的机会，鼓励孩子多维度地思考问题，进而真正改变孩子的学习状态。

下面介绍两个改变认知偏差的方法。

方法一：把自动思维变为理性思维。

自动思维是指个体在无意识之下产生的依赖于已有认知模式和经验的思维方式。自动思维是一种习惯性的思维方式，而理性思维则是指更加客观且排除情绪的思维方式。

比如孩子特别好动，很难静下来。在自动思维模式下，很多父母会认为孩子专注力差，影响学习。这就是一个认知偏差。从理性思维出发，孩子的学习效果取决于孩子的学习方法、学习习惯、学习能力、学习情绪和学习态度等。

显然，自动思维容易使我们困于固有认知，导致我们在看事物时带有刻板印象，容易贸下结论，从而判断错误。而理性思维则能助力我们更加理智地判断。

要改正认知偏差，我们需要把自动思维变为理性思维。

我们可以多关注育儿领域的专家，可以在社交媒体的"推荐"

版块里选择"育儿"频道，里面有很多人分享经验。我的**社交账号**平时也会分享一些育儿知识，有需要的话你也可以关注，一起分享育儿故事，学习更多科学育儿理念，不要再在孩子犯错时武断地下结论。

我们也可以加入育儿社群、家长社群。查找育儿社群的方式主要有两种，一种是在社交平台或者专业育儿 App 上搜索"育儿交流群"，找到适合的社群加入；另一种是向已经加入相关育儿社群的好友索要入群邀请链接，加入社群组。加入社群后，我们可以和其他家长就孩子的情况进行讨论，从更多维度了解孩子，并从孩子的角度思考，再引导孩子改变。我们甚至可以告诉孩子"我不是全能的，也会犯错"，请他们在被误会时给我们提示，帮助我们打断自动思维，使用理性思维解决问题。

方法二：尝试记录事件，改变认知。

记录事件是为了帮助我们更客观地了解事实，以及更好地了解自己的思维模式。

我们可以绘制一张"思维记录表"（见表 1-1），分别记录"事件""自动思维""情绪""理性思维""新的情绪"，把孩子犯的错以及自己的应对方式记录复盘。

表1-1　思维记录表

事件	自动思维	情绪	理性思维	新的情绪
孩子在学习时偷偷玩手机	孩子玩手机肯定会导致成绩下降	特别愤怒	孩子玩手机的影响没有想象中的严重，可以和孩子约定玩手机的时间，超过约定时间有相应的惩罚	有点生气，但能控制

　　比如，你发现孩子在学习时偷偷玩手机，你当时觉得特别愤怒，认定孩子玩手机会导致成绩下降。但你在复盘时会发现自己夸大了玩手机的危害。等你调整思维模式并重新看待这件事时，虽然你可能还会生气，但会更理智地和孩子约定玩手机的时间，超过约定的时间会有相应的惩罚。这样一来，经过复盘，你就可以用更和缓的方式解决孩子玩手机的问题。

　　人无完人，孩子和我们都是在犯错、改错的路上成长前进的。我们也不必抵触改变，每一次改变都让我们朝着更好的方向前进。未来虽有坎坷，但终究一路向阳。

第四节
如何真正了解自己的孩子

家长对孩子的了解对孩子的发展至关重要。如果我们对孩子的能力、性格特质等没有客观的认知，就容易对孩子形成错误的判断，进行错误的引导。

01 对孩子能力的了解

为什么我们总觉得孩子拖拉磨蹭？原因也许不是孩子真的磨蹭，而是我们时常会无意识地对孩子的能力做出错误的判断，不能真正客观地看清孩子的实际能力。

比如，很多时候，我们会在辅导孩子写作业时说："这道题我已经教你三次了，你怎么还是不会？"我们这样说，就是默认自己教孩子三次后，孩子就应该会做题了，如果还不会，那就是孩子的学习态度有问题。可事实上，孩子不会做题，除了不认真，原因还可能是没有理解我们给他讲述的解题方法。

再比如，我们问老师："孩子大概需要花费多长时间能完成今天的作业？"老师说："半小时。"在老师看来，半小时是平均值，然而很多家长会把这个平均值当作最高值，只要孩子写作业的时间超过半小时，就认定孩子没把心思放在写作业上。

基于对孩子能力的错误判断，我们容易认定孩子的问题都是态度方面的问题。也就是说，孩子之所以无法取得令我们满意的成绩，都是因为孩子不够努力，而不是因为孩子实力不够强。错误判断会引发我们对孩子的不满与指责，也会使孩子产生抵触情绪，甚至抵触学习，进而影响孩子的发展。

因此，我们需要修正对孩子的错误判断，更加客观地了解孩子的能力。最简单的方式是给孩子一个自由发挥的机会。

我们可以通过无干预观察，也就是在观察过程中，不对孩子进行任何形式的干扰，以便了解孩子在自由情况下的表现。例如，我们在不参与的情况下，观察孩子完成不同难度的作业、背诵不同篇幅的课文需要花多少时间，进而从更客观的角度去了解孩子的真实能力。等到观察次数足够多之后，我们对孩子能力的判断也会更准确。

需要注意的是，很多时候，我们判断不清楚孩子在写作业时拖拉磨蹭究竟是因为能力不足不会做题，还是因为不想写作业。遇到这种情况，我经常建议给孩子准备一套相对简单的题。如果孩子能很快做完，那他之前磨蹭很可能是因为不会做题，反之，就是孩子的态度有问题，不想及时完成作业。确认原因后，我们就能对症下药，引导孩子掌握解题方法或者改变对写作业的态度。

02　对孩子性格特质的了解　■■□

按气质类型进行分类，可以把孩子分为四种，分别是多血质、胆汁质、抑郁质和黏液质（见图 1-1）。

多血质
- 热情活泼、主动性高、富有好奇心
- 注意力和兴趣点易转移

胆汁质
- 精力旺盛、有行动力
- 比较容易急躁、自制力较差，容易和人发生冲突

抑郁质
- 敏感细心、想象力丰富
- 在意别人的评价、容易怯懦、缺乏自信

黏液质
- 安静稳重、善于克制，情绪不爱外露
- 有时反应比较缓慢

图 1-1　四种气质类型的孩子

这些气质类型本身并无好坏之分，我们可以通过了解孩子的气质类型，来了解孩子基本的性格特质，探索出适合孩子的沟通和教育方式，促进孩子的发展。

多血质的孩子热情活泼、主动性高、对世界充满好奇，但注意力和兴趣点很容易转移。当我们和多血质的孩子沟通时，既要注意保护孩子的好奇心，也要给予他们发泄多余精力的机会。除此之外，我们还需要培养孩子的专注力，特别是当孩子对做某件

事失去兴趣时，如果这件事对孩子的发展很重要，我们就需要通过鼓励和陪伴等方式，督促孩子持之以恒。

胆汁质的孩子比较容易急躁、自制力较差，容易和人发生冲突。与这类孩子沟通时，我们不能强行压制，可以利用他们"吃软不吃硬"的特点，用温柔的语气和冷静的语言平复孩子的情绪，之后进行教育引导。

抑郁质的孩子敏感细心、想象力丰富，但在意别人的评价、容易怯懦、缺乏自信。对于这类孩子，我们需要多关注他们的情绪和反应，多给予他们关怀和鼓励，切忌在公开场合批评他们，要多给他们锻炼的机会，为他们创造成功的契机，帮助他们树立信心。

黏液质的孩子安静稳重、善于克制，情绪不爱外露，但有时反应比较缓慢。教育这类孩子时，除了要适当补充敏捷性训练，还需给孩子足够的考虑问题和做出反应的时间，鼓励他们表达自己的想法。在孩子心情不好时，我们更要引导孩子不要压抑情绪，把不开心的事说出来。

总而言之，我们可以通过观察的方式确认孩子的气质类型和性格特质。我们可以着重观察孩子在和人交往时的表现，如果孩子比较内向，容易"社恐"，那么孩子的气质类型就是黏液质或者抑郁质，如果孩子很外向，善交际，孩子的气质类型就属于多血质或者胆汁质（见图1-2）。之后，我们需要再分析孩子行为的细节，遇事能保持情绪稳定的孩子属于黏液质或者多血质，反之则为抑郁质或胆汁质。在正确认识和接纳不同气质类型的孩子的基础上，我们还应该做到不要随意评价孩子的性格，而要进行有针对性的教育，促进孩子的健康发展。

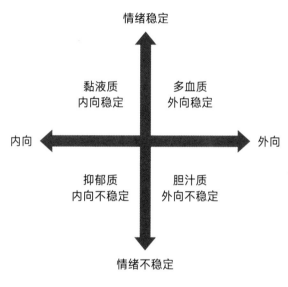

图 1-2 气质类型与性格特质

也就是说，我们既要了解孩子的性格特质，也要因材施教并给予适当的引导。

03 多观察而不是多沟通

我们常常认为，必须通过和孩子多沟通来了解他们的想法，殊不知这种了解并不一定准确。

第一，沟通经常是两个人就某一件事情进行交流，通过沟通了解到的东西会相对单一。第二，沟通大多是有目的的。在我们和孩子沟通时，孩子很可能知道我们想听什么，于是选择迎合我们。特别是在小学阶段，我们总会觉得很奇怪，明明和孩子沟通时，孩子都说自己很想学习，可偏偏就是学不好。原因很可能是孩子在和我们沟通时，往往只是遂我们的意说了我们想听的话，而没有表达自己的真实想法。

我们需要通过观察来真正了解一个人。

在观察时，我们要观察孩子的各种表现。看到孩子不高兴了，问他情况，他却说没事，从沟通的角度来说，孩子说了没事，那对话差不多就结束了。

而如果从观察的角度来说，我们还要多方位地关注孩子，看看最近学校有什么变化，家庭内部有什么变化，再对孩子的情况进行综合判断，最后确定该如何对待孩子。例如，通过观察发现孩子因考试成绩不够理想被老师批评而情绪低落，我们就可以和孩子沟通，帮他一起调整状态；如果通过观察发现孩子因缺少父母的陪伴而不开心，家长就需要多抽出时间进行亲子阅读、亲子游戏等。

总之，相比于简单的沟通，观察维度更丰富，也更有利于加强我们对孩子的了解。而在了解孩子之后，我们也能找到更合适的方式和孩子相处，亲子关系也会随之变得更融洽，整个家庭的幸福感也会得到进一步提升。

第五节

一份简单而重要的谈话禁忌清单

在日常的沟通与交流中，我们常常会因"不会说"而影响亲子关系，而且我们的"不会说"往往就是认知偏差在作怪。

我们可以记录下面的"谈话禁忌清单"，以便在日常生活中进行对照、调整。

01 不要总是否定　　　　　　　　■■□□

孩子在学习和成长过程中，迈出的每一步都是在探索，我们需要让孩子多尝试，并且在孩子没有做得很好时少些否定，多些鼓励。

在孩子尝试独立做家务或者做作业时，我们尽量不要这么说：

"不行／不能／不要！"

"你什么都不会。"

"你这样肯定做不好。"

"我就知道你做不到／做不好。"

"你肯定不会，还是我来吧！"

我们可以这么说：

"没问题，你一定可以做得很好！"

"好呀！我相信你能做得比妈妈还要好！"

"去做吧！有妈妈 / 爸爸陪着你呢！"

02 不要随口指责 ■ ▨ ☐

很多时候，我们自己可能都没有意识到，一些脱口而出的话会给孩子的内心带来伤害。说出这些话，我们可能是无心的，也可能是一时嘴快，尤其是当孩子总是做不好一件事时，我们的语言可能就会比思维更快。

当我们面对孩子一直做不对题目或者搞砸一件事的情况时，我们可能会随口指责：

"都说了，不要这样！"

"你怎么这么傻 / 笨！"

"一点儿小事儿都做不好！"

"要不是你，就不会这样。"

"你看看，早就说了不要这么做！"

出现负面情绪并不是我们的错，但我们要改变说话的方式，尽量不要把情绪变成指责脱口而出。在开口指责前，试试先说："让我来看看发生了什么。"这句话其实就是在给自己的情绪发泄争取缓冲时间，提醒自己先冷静再说话。

03　不要习惯命令　　■ ■ □

很多时候，我们好像都认为要树立权威，就要更严厉一些，这样孩子才会听从我们的命令。但是，现实可能并不是这样的。我家孩子在写作业或者做其他事情时拖拉磨蹭，我也会冲孩子喊：

"你现在必须 ×××！"

"赶紧给我去做 ×××！"

"不要说话／顶嘴／开小差／×××！"

"现在立刻洗手吃饭／洗澡刷牙／关灯睡觉／×××！"

"不要再 ××× 了，没有为什么，说不行就是不行！"

孩子当下可能按照我们的命令做了，但心里是不情不愿的，命令的次数多了，孩子也就充耳不闻，把命令当作耳边风了。因此，我们尽量不要去命令孩子去做某件事，而要向孩子陈述事实。

当孩子的作业拖到晚上 10 点还没做完时，我们可以说："现在已经晚上 10 点了，要准备睡觉了。"

在孩子一直摆弄玩具，不肯吃饭时，我们可以说："饭菜很快就凉了，我们吃完就会收走，你现在要过来吃饭吗？"

04　不要热衷比较　　■ ■ □

没有一个孩子会喜欢自己的父母拿别人家的孩子跟自己比，尤其是当孩子没有做好某事时，例如考试没考好、比赛失利，又或是调皮捣蛋了，我们可能会着急上火，但尽量不要这么说：

"你看 ××× 家的小孩，期末考试考了 ×× 分，你呢？"

"怎么人家都没有问题，就你问题那么多！"

"你怎么那么不听话，你看谁家小孩像你这样！"

"你看看人家 ×××，你再看看你，真是不让人省心。"

"我就没有见过像你这么磨叽 / 拖拉 / 脾气暴躁的小孩！"

事情本来就没做好，还要被拿来和别的孩子比较，这对孩子来说是一种双重打击，虽然我们可能是无心的，但我们可以用另一种方式去表达，只说事情本身，不牵扯他人，也不随意否定孩子。

先说事情，再共情，而后鼓励。就拿考试没考好这件事来说，我们可以这么对孩子说："这一次考得不是很理想，我知道你很难过，我也很意外，下次需要更努力一些了。"

05 不要常"泼冷水"

当孩子跟我们分享他的喜悦时，比如跟我们炫耀考试成绩有了进步，跟我们展示新学会的本领等，我们尽量不要泼冷水：

"别高兴得太早，次次拿第一那才叫厉害呢！"

"好了好了，我知道了，有那心思不如帮我多做点家务。"

"考一次满分有什么好高兴的，每次都考满分还差不多！"

"你看你穿得 / 写得 / 画得 / 唱得像 ××× 一样，不要出来丢人了！"

孩子跟我们分享喜悦，是孩子对自己的一种肯定，这个时候如果我们没有在意，只是一笑而过，甚至时不时泼一下冷水，孩子就可能认为自己是不被认可、不被关注的。这个时候，我们只要微笑点头，对孩子来说就是最大的肯定了。

当然，在很多家庭教育场景中，并没有那么多绝对的禁忌，因此，以上"谈话禁忌清单"绝不是让家长不说话，而是在具体的家庭教育场景中，让家长懂得"什么话最好不要说"以及"有些话可以怎样说"。

在家庭环境中，沟通不仅仅是信息的交流，更重要的是，它是感情、期望、信仰和价值观的交流。尤其是在与孩子沟通时，我们更要注重的是"心灵的沟通"。

在孩子成长过程中，他们的认知、情感和社交技能都在不断发展，他们对世界的理解和感知可能与我们大不相同。这就需要我们深入他们的内心世界，与他们建立真正的心灵联系。

沟通并不是为了说服对方接受自己的观点，而是为了理解和被理解。在与孩子沟通时，我们的目标应该是帮助孩子发现和表达自己的感受，引导他们思考和做出决策，而不是简单地告诉他们该怎么做。

那么，在跟孩子沟通时，我们可以有哪几种沟通方式呢？

第一种：了解。

了解是一个双向互动的过程，我们不仅要听孩子说，更需要理解孩子内心深处的想法，从而用适当的语言去引导孩子表达情绪和想法。

比如，孩子在放学路上略带疲惫地跟你说："妈妈，我觉得上学好累啊。"

这个时候，我们可能会不以为然，敷衍地说："上学就是这样的，坚持坚持就好了！"因为我们往往会把问题简单化，所以给不出孩子想要的答案。

"上学好累"只是一种浅显的表达，这里包含的可能有学业的压力、同学关系的压力，甚至是期待与现实的落差以及由此而来的焦虑，孩子没办法准确地觉察和描述这些情绪，需要我们耐心地提问和引导。

因此，当孩子说上学或学习很累时，我们要做的不是片面地鼓励他坚持，而是更深入地问："是什么让你感觉到累？""你感受到了什么？""我能如何帮助你？"

第二种：情感交流。

情感交流除了通过言语，还可以通过身体、眼神等非言语方式来进行。情感交流是一种从内心出发，渴望与他人建立真诚联系的沟通方式。

情感交流需要我们做到全身心地投入沟通，并且真诚地表达情感，让孩子感受到来自父母的尊重和理解。

当孩子感到失落时，我们需要把手头正在做的事情都暂停，认真地听孩子说，并且站在孩子的角度诚挚地提出我们的看法，可以对孩子说："我感受到了你的难过和失落，不过我认为并且相信你可以克服，下次一定可以做得更好。"

第三种：协商。

协商是一种相对公平的沟通方式，它确保了沟通中的每一方都能拥有话语权，是一个参与、讨论、妥协，最终达成一致的过程。

有些父母的确会与孩子协商，但常常会妥协。比如，孩子想买一个玩具，恳求了很久，也协商了好几次，最终家长没有办法只好买了。这种协商，我们认为是没有价值的协商。因此，在协商之前，我们要明确自己的底线，而不是一味地妥协。

孩子想要在周末玩得尽兴一些，来征求我们的意见："周末我约了同学一起去玩，可以吗？"而我们的底线是：玩可以，但要保证完成作业。

经过协商，最终可能会达成这样的结果：周五晚上把作业都完成，周末就可以约同学去玩。

沟通的方式有很多，不同的家庭教育场景有不同的对话方式，作为父母，我们要走进孩子的内心，这比任何言语、任何"谈话禁忌清单"都更可靠、实用。

行为管理

培养良好的行为习惯，比"催催催"更管用

作业一直拖到很晚才开始写，写作业时孩子还喜欢跑来跑去，一会儿要喝水一会儿要上厕所，要不就是一边写作业一边吃零食……这些拖拉磨蹭的行为，有时候确实让我们感到很头疼。

面对孩子的拖拉磨蹭，我们一般只会催促，但我们需要意识到，孩子的拖拉磨蹭不是突然出现的，而是长期的不良习惯引发的，我们只用催促的方式去管理孩子的行为是很难达到理想效果的。

在日常生活中，我们可以刻意地培养孩子良好的行为习惯，比如按时预习复习、按时完成作业、遵守规则约定、保持专注和及时复盘总结等。在日常生活中培养孩子良好的行为习惯，孩子才能摆脱拖拉磨蹭，变得更加自律，哪怕偶尔犯懒，我们只要稍加提醒，孩子也能够继续保持良好的行为习惯。

在心理学上，6 ～ 17 岁，尤其是 6 ～ 12 岁（小学阶段），是孩子心理、性格和习惯养成趋于稳定的阶段。在这个阶段，我们需要给予孩子更多的引导，不要让他自由散漫地成长。

在皮亚杰的认知发展理论中，儿童心理或思维发展被划分为四个阶段，即感觉运动阶段（0～2岁）、前运算阶段（2～7岁）、具体运算阶段（7～11岁）、形式运算阶段（12岁以上）。

处于不同阶段的孩子，有着不同的性格特征。通俗来说，在感觉运动阶段（0～2岁），孩子只能通过看、听、触、摸、尝、嗅等方式来探索他周围的世界。

在前运算阶段（2～7岁），语言能力的发展，令孩子能够开始用表象符号来代替外界事物，在孩子眼中开始出现表象或形象图式，比如幼儿园常常玩的"假装游戏""模仿游戏""扮演游戏""幻想游戏"等，都是这个阶段的孩子理解周围事物的方式。

在具体运算阶段（7～11岁），孩子的思维会逐渐从形象思维过渡到抽象思维，尤其孩子到了10岁左右，孩子的形象思维开始向依赖于具体内容的抽象思维过渡。比如，对于写作业这件事，拥有形象思维的孩子，只能直观地看到作业的数量，而拥有抽象思维的孩子，则会对写作业这件事进行具体的思考，他会思考和推理写作业的结果和意义，知道完成作业意味着知识的巩固或者成绩的提高等。

到了形式运算阶段（12 岁以上），孩子的思维方式又会往前发展，逐渐从依赖具体内容的抽象思维过渡到脱离具体内容的抽象思维。比如，孩子可能会脱离具体事物进行假设、思考和推理，比如"假设我是 ×××，我将会怎么样？""如果其他行星撞击地球会发生什么？"……

每个孩子都是不一样的，帮助孩子养成良好的学习习惯，能让家庭教育达到事半功倍的效果。

干预和管理孩子行为的方式有很多，哄劝、威胁、打骂、说教、奖励、惩罚……这是大部分家长可能会用到的管教方式，但并非所有的管教方式都正确并且有效。我们需要了解什么样的管教方式才是正确的，以及明白如何做才能够进行有效的管教，比如如何讲道理、如何奖励以及如何惩罚等。

在本章中，我们会针对孩子的一些行为习惯给出具体的管教方式，努力让每一个家长在面对孩子的不良行为习惯时，都能做到有效引导、有效管教。

用情感去管理孩子，还是用权威去管理孩子

来访咨询的妈妈们经常有一个困惑：自从孩子上小学，妈妈的话就不那么管用了，让孩子快点把作业写完，他却磨磨蹭蹭一道题都没做；催促孩子早点洗漱完上床睡觉，他却赖在电视机前一动也不动……但只要爸爸一发话，孩子就乖乖地照办了。

妈妈们表示很不解：明明我才是照顾孩子最多的人，一直以来孩子也跟我最亲近，为什么他现在反而更愿意听爸爸的话呢？

小学生正处于自我意识逐渐觉醒的阶段，他们开始渴望独立和自主，对父母的依赖逐渐减少。

在这个过程中，孩子可能会对妈妈的过度关心和保护产生抵触情绪，从而更倾向于听从爸爸的指导和建议。妈妈每天总是不厌其烦地提醒孩子洗漱、吃饭、穿衣……再三叮嘱他走路要注意安全，放学了不要乱跑等，这些提醒和叮嘱，在孩子看来全是妈妈的唠叨，感觉听得耳朵都快起茧子了，又怎么会放在心上呢？

另外，在传统的家庭角色分工中，妈妈往往扮演着照顾者的角色，满足的是孩子对情感的需求，随着孩子对父母的情感需求逐渐减少，对妈妈的依赖就会逐渐降低，于是不再热衷于满足妈

妈的要求。而爸爸则扮演着权威性角色，更多地承担着教育和引导的责任。因此，孩子会认为爸爸的意见和建议更具权威性和可信度。

可是，对大部分家庭来说，在日常生活中妈妈负责教育孩子的时间更多，如果孩子不听妈妈的话，不听妈妈的管教，妈妈又该怎么教育孩子呢？

难道孩子大了，妈妈就真的没办法管理孩子了？妈妈又应该怎么管理，才有效呢？

在回答这个问题之前，我们不妨先来看看父母与孩子之间情感关系的发展规律。

01 父母与孩子之间的情感关系发展规律 ■■□

在孩子 0 ~ 18 岁期间，父母跟孩子的情感关系的亲密程度，可以用一个倒 U 形曲线来表示。

0 ~ 6 岁，父母关心的重点先是孩子的身体健康，是否吃饱穿暖，然后是孩子的特长和天赋及兴趣爱好。也就是说，在这个阶段，父母是围着孩子转的，一切都以孩子的需求为主，父母是被动的一方。随着孩子日渐成长，孩子和父母通过满足生理需求和情感回应逐渐建立亲子关系的信任感，双方的情感关系日益紧密。

孩子在 7 岁时，和父母的情感关系到达顶峰，对应倒 U 形曲线的顶点，此后，孩子进入小学。在孩子 7 ~ 12 岁时，父母与孩子的相处以情感交流与情感管理为主，其有效性在慢慢下降。这个时候，父母成为理性管理的主动方，开始按照自己的意愿和要求对孩子进行管理，比如要求孩子每天必须按时起床、睡觉、上学、完成作业等。

很多父母没办法在这个时候转变过来，依然沉浸在满足孩子的需求中，其实这是对孩子的不负责任。这个时期的孩子，需要的是规则和秩序，父母该给孩子立规矩就立规矩，该纠正孩子的行为就及时纠正，并且只要在孩子 0～6 岁与他打好情感基础，就不必担心伤害亲子关系。适当的管理不会破坏亲子关系，过度的管理才会破坏亲子关系。

孩子进入青春期，也就是孩子到了 12 岁之后，父母跟孩子的情感关系会有一个下降的趋势。这种下降趋势是一种必然的发展，也预示着孩子已经在为长大以后的独立、脱离父母做准备。他不再像以前一样什么都依赖父母，开始有了自己的同伴需求，孩子以前可能有什么都跟父母说，现在开始选择跟同伴说，也开始期望有自己的独立空间。在这个时期，孩子有这样的变化，是正常的成长过程。我们也应该允许孩子有这样的成长过程，这并不是叛逆，我们也不必过度担心孩子是否会犯错，如果孩子在这个时期还非常依赖父母，那他长大以后就可能很难独立，甚至会成为一个人们口中的"巨婴"。

而孩子在 16～18 岁时，与父母的情感关系处于最低点，然后在 18 岁后又将出现拐点，情感关系开始回升。也就是说，孩子在进入社会后，与父母的情感关系又会上升，重新回到一个较高的位置。

从这样一个亲子关系的发展过程中，我们会发现，管理孩子的最佳时期就是在情感关系最好的时期之后，也就是在孩子上小学时的平稳时期。这个时候，父母应该用权威去管理孩子，而不是用情感去管理孩子。

但是，在平稳时期如果父母的思维没有及时转变，仍然选择用情感管理孩子，就有可能产生"孩子为什么不再听话了"的错觉和困扰。

02 不要用情感去管理孩子

情感管理的方式，一般分为以下几种。

（1）**哄劝孩子**。为了让孩子能快速满足我们的要求，我们会用一些物质的奖励或者承诺去哄劝孩子行动。比如：

"你早点写完作业，我带你出去玩。"

"你今天要是把这些习题做完，就可以看一集动画片。"

"你语文考试要是能达到 90 分，我就给你买你喜欢的那个娃娃。"

......

这种哄劝的方式，在孩子的幼儿时期，确实能起到不错的效果，但随着孩子慢慢长大，他们的知识量不断增长，他们对物质的要求也越来越高，不再满足于家长以前的那些"小恩小惠"。这也意味着，家长的这些小奖励已经不再能让孩子产生动力。

（2）**威胁孩子**。威胁式教育，还有另一个名称叫作"爱的撤回"，是一种父母通过恐吓、惩罚等手段来迫使孩子遵守规则、完成任务的教育方式。这种教育方式的核心是"恐惧"，即让孩子在恐惧中产生动力，从而达到教育的目的。生活中最常见的就是：

"你再调皮，我就不要你了。"

"你再哭，我就让警察叔叔把你抓走。"

"你再不写作业，这周末就不带你去游乐园了。"

"你再不放下手机，以后都别想再碰电子产品了。"

我们看威胁的句式，基本是如果孩子这样做（家长不想让孩子做），就会产生严重的后果。

威胁式教育确实能够迅速改变孩子的行为，使其在短时间内达到我们的期望，但也很容易导致亲子关系的疏远和紧张。随着孩子自我意识的加强，他可能会产生逆反心理，将我们视为敌人，而不是亲人和支持者。这种教育方式还可能会让孩子形成错误的价值观，比如认为为达到目的可以不择手段，这对孩子的道德发展是极为不利的。

（3）**情感绑架**。情感绑架式教育是指父母在教育孩子的过程中，过度强调自己的付出和牺牲，以此来要求孩子按照自己的意愿去学习和生活。这种教育方式往往表现为：

"我这么辛苦地工作，都是为了你，你成绩这么差，对得起我吗？"

"妈妈为了照顾你，把工作都辞了，你就不能听话些吗？"

"我这么做都是为了你好，你却一点儿都不懂得感恩。"

在情感绑架中，"为了你"这个句式常常会出现，我们要注意察觉自己是否经常对孩子使用"为了你"这样的句式。

这种"以爱为名"的方式，看似能够迅速解决问题，实际上也是一种短视且有害的教育方式。特别是随着孩子年龄与阅历的增长，接受这种教育的孩子会出现两种极端情况，要么非常抵触我们的管教，导致冲突和矛盾的发生；要么会产生自卑、焦虑、抑郁等情绪问题。

孩子开始有对于独立性的追求，他们逐渐渴望独立，希望自己做决定，而不总是听从父母的指导。这种对独立性的追求可能导致他们对父母的管教产生抵触；每个孩子的性格都不同，有些孩子可能天生更敏感或更容易受到压力的影响，从而出现自卑的心理。而青春期的激素变化也可能导致情绪波动，使孩子更容易感到焦虑、抑郁或愤怒。

以上三种教育方式，都只在短期内有效，持续性很弱，"后遗症"很大。随着孩子逐渐长大，其弊端会越来越明显，无论是哄劝孩子、威胁孩子还是用情感绑架孩子，作为父母的我们都是主动的一方，而孩子一直处于被动的状态，以至于让孩子认为自己所做的一切，无论是生活还是学习，都是为了父母。

03 用"权威"去管理孩子 ■■□

权威管理并非简单依靠命令与服从来进行，而是一种基于理解、尊重和爱的深层次互动。家长的权威不应该建立在孩子的畏惧之上，而应该基于孩子的敬仰和信任。这样的权威能够促进孩子的自我认知和自我管理能力的发展，帮助他们在成长道路上做出明智的选择。

那么，我们该如何去建立能让孩子信服的"权威"呢？

（1）**我们的言行要保持一致，不要出尔反尔**。无论是在规则还是在日常行为上，保持一致都是非常重要的。只有这样才能让孩子了解父母的原则底线，并知道父母是可以信任和依赖的。

比如，我们答应孩子这个周末带他去游乐场玩。那么，无论这周有多忙，我们都要提前安排好时间，兑现自己给孩子的承诺。

如果有特殊情况导致周末无法去游乐场，我们也一定要和孩子解释清楚是客观因素导致的，如下雨、突然要出差等。我们没有兑现承诺的原因不能是主观因素。

（2）**给予孩子足够多的自由**。当然，自由不是孩子想怎么做，我们都依着他，而是我们在对孩子进行一定的管理和引导的同时，也给予他足够多的自由去探索和学习。这样不仅可以帮助孩子培养自觉性和独立性，还能让他更加尊重我们的"权威"。

以孩子的暑假安排为例，我们可以先询问孩子自己的计划，再结合实际为孩子提供科学合理的建议，然后跟他一起制定计划表。孩子自己参与制订的计划，他执行起来更有动力，不会有抵触情绪，就算偶尔管不住自己，偷偷懒，只要父母一提醒，孩子也会很快继续完成计划的。

在计划表中，规定孩子每天玩电子产品的时间是一小时，每天锻炼身体的时间至少一小时。至于孩子选择在上午还是下午，在哪个时间段去玩电子产品、去锻炼身体，那是他的自由，但自由的前提是必须按计划表中的规定时长去执行计划。

（3）**多倾听和多理解**。我们多倾听孩子的想法和感受，理解他的需求和困扰，不仅可以帮助我们更好地与他沟通，还能让他感到被尊重和理解。

在大部分情况下，我们是能够做到倾听和理解孩子的，但当遇到了问题或者孩子犯了错时，我们往往就很难做到了。

比如，孩子和同学打架了，这就是检验我们能否倾听和理解的时刻了。我们不要直接责怪他，而要先听孩子解释打架的原因，并理解他当时的感受，再进行情绪安抚，最后结合当时的实际情况，对孩子做出相应的引导。让孩子明白，解决问题除了用武力，还有更好的方式。

（4）**给予适当的奖励和惩罚**。适当的奖励和惩罚，可以帮助孩子明白哪些行为是可以被接受的，哪些行为是不可以被接受的。

整个暑假，如果孩子如期完成了计划表中的所有任务，我们就可以在表扬孩子之后，给予孩子一定的奖励，奖品可以是免除孩子某段时间的家务劳动，也可以是减少孩子平日里要做的课外习题量。

如果孩子在暑假里，总因偷懒而无法完成很多计划表中的任务，那就给予孩子相应的惩罚，例如一周不能玩电子产品。

具体怎样奖励或惩罚，我们在后面的内容中会详细展开说明。

（5）**家长要以身作则**。俗话说，言传不如身教。父母是孩子的第一任教师，我们的一举一动都在潜移默化地影响孩子。

如果我们告诉孩子要诚实守信，那么我们自己就不能在孩子面前撒谎；当我们强调勤奋学习的重要性时，我们自己也不要沉迷于电子娱乐之中。作为家长，我们只有以身作则，才能做好孩子的榜样。

有句话是这样说的："播种行为，收获习惯；播种习惯，收获性格；播种性格，收获命运。"作为父母，我们通过日常的育儿活动，不仅在塑造孩子的未来，也在为我们的社会培养宝贵的人才。

养育孩子是一项既复杂又崇高的任务，我们只有不断学习，使用更有效的教育方式，及时纠正孩子的不良行为习惯，引导孩子健康成长，才能将他培养成为一个独立、自信、自主和有责任感的人。

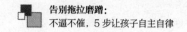
第二节

错误的奖励是"有毒的胡萝卜"

在孩子的养育过程中，父母都知道要多用"胡萝卜"来奖励孩子，少用"大棒"来指责惩罚孩子。我们用糖果、玩具等奖励孩子，这个方法在刚开始可能屡试不爽。

可时间久了，孩子开始跟你谈条件，讨价还价，甚至要挟你。比如，孩子会说"你不给我买玩具，兴趣班我就不上了！""别人家的孩子考试考得好，父母奖励了他一双球鞋。"

你开始担心，奖励好像起到了负面作用。

艾尔菲·科恩在《奖励的恶果》这本书里说，那些经常用物质奖励鼓励孩子的人，没想到是在给孩子吃"有毒的胡萝卜"。当孩子依赖奖励做事时，他们做事的内部动力就被削弱了。孩子会因此对奖励感兴趣，而不是对事情本身感兴趣。

这听上去很合理，那么我们给孩子奖励难道做错了吗？实际上，对于孩子不喜欢或者做起来比较困难的事情，奖励是有用的。

那么我们应该给孩子什么样的奖励？什么时候给奖励才是合适的？

要回答这两个问题，我们首先要弄清楚：奖励的目的是什么？

是为了让孩子听话，让孩子好好学习、好好吃饭、好好睡觉，还是为了让孩子更自信？其实这些都是父母赋予奖励的意义，或者是父母希望奖励达到的效果。

奖励的目的，是让正确的行为得到强化，增加正确行为发生的频率。

也就是说，奖励孩子是为了让孩子的正确行为得到延续，父母在没有弄明白奖励的目的之前，所有的奖励都可能是错的，甚至可能事与愿违，得不到任何有效的反馈。

那么，正确的奖励应该是什么样的呢？

01 奖励不只是给物质、给奖品，还有陪伴、鼓励和自由 ■■□

奖励是强化行为的一种方式，正确的奖励其实就是让孩子的正确行为得到强化，而强化又分为正强化和负强化。

正强化是直接给予让人愉快的刺激，负强化就是消除一些让人不愉快的刺激。以"今天孩子跳绳多跳了 200 下"为例，妈妈奖励了孩子一根雪糕，这是正强化；妈妈免除了原来布置的背单词的任务，这是负强化。

正强化奖励和负强化奖励有很多种形式。

常见的正强化奖励方式有表扬、陪伴、把选择权交给孩子，下面展开介绍。

（1）**表扬**。父母可以表扬孩子的具体行为，还可以在此基础上表扬孩子的努力或能力，让孩子知道父母不仅看到了自己的付出，还肯定了自己的能力。

孩子按时或提前完成了作业，家长可以这样表扬他："你今天写作业的时候很专心，20 分钟就完成了，特别棒！我发现只要专心，你就可以写得又快又好！"

在日常生活中，家长也可以经常在言语上表扬孩子，比如孩子回到家先写作业再玩玩具，家长看到了可以这么说："我看到你回到家先写了作业才去玩玩具，这是一个很好的习惯！自觉自律的孩子，什么事都会做得很好！"

（2）**陪伴**。陪伴也是一种奖励，尤其是对双职工家庭中的孩子来说，父母的陪伴可以让孩子感受到爱与安全。但要注意的是，陪伴时要专心，尽可能把手机和工作放到一边，让孩子感受到父母的全部关注，并且要多和孩子进行互动。

陪伴孩子的方式有很多种，带孩子去公园玩、去爬山、去打球，或者一起看书、下棋、玩游戏……

我女儿就喜欢我陪她看书，她小时候我和她一起看绘本、玩角色扮演游戏，她长大了会自己看喜欢的书，看完再和我聊一聊书里的内容，这样的亲子时光哪怕每天只有十几分钟或半小时，也是很珍贵的。

（3）**把选择权交给孩子**。只有孩子才知道自己最需要什么，因此不如把选择权交还给孩子，让孩子自己选择想做的事情或者自己做规划。

为了肯定孩子的优秀表现，父母可以跟孩子说："这段时间你表现得这么好，不如就由你来规划一下我们周末去哪里玩吧！"或者可以直接问孩子喜欢什么、想做什么，父母负责提供各方面的支持，在安全范围内允许孩子自己做自己喜欢的事情。对孩子来说，这既是肯定，也是信任，用热爱撬动内部动力，才是让正确行为持续的关键。

这么看下来，父母们也许会发现：前面的这些奖励，没有一个是与物质有关的！

一些父母常用的物质奖励，很容易被孩子当作交换条件。一旦孩子不想要某样东西了，奖励也就失效了。物质奖励所得到的结果持续性太差，并不是奖励的最优选择。而这也正是我们不提倡物质奖励的原因之一。

常见的负强化奖励方式有作业免除、家务免除、惩罚免除、批评免除等，下面展开介绍。

（1）**作业免除**。许多父母会在学校作业之外给孩子布置其他作业，免除学校作业之外的作业是一个很不错的奖励。比如，孩子考试考得不错，就可以免除下一周的专项练习题，或者免除一次或几次其他的课外作业。

（2）**家务免除**。孩子在某件事情上做得不错，父母可以将免除一定的家务作为奖励。比如免除一次洗碗／扫地／收拾房间的任务，等等。

（3）**惩罚免除**。把之前的惩罚减量或者取消，对孩子来说就是很大的奖励，比如取消减少游戏时间的惩罚，或者取消作业加量的惩罚等。

（4）**批评免除**。如果孩子在某件事上持续表现良好，下次表现不好时也不要批评孩子，可以将它当作一次基于前面表现的小小奖励。比如孩子最近一段时间都按时起床，但今天起晚了，你可以这样对孩子说："这段时间你已经表现很好了，偶尔起晚一次没关系。"

把批评免除转化为奖励，这样不仅肯定了孩子之前的表现，也让孩子能够更加坚定地将这种好的习惯和行为持续下去。

无论是正强化奖励还是负强化奖励，都能起到让正确行为持续的作用。但在使用的过程中，我们鼓励父母多用正强化奖励，多帮助孩子建立自信心和内驱力。过多地使用负强化奖励可能会导致一些负面的影响。

比如，对于很多应该做的事，孩子可能并不喜欢，如果父母经常用"免除奖励"告诉孩子：今天这件事你可以不做了！那么孩子的思维就会变得混乱，对于这件事到底应不应该做、应不应该认真做好，他心里是有疑惑的。当孩子不知道一件事是不是他应该做的事时，那么他就失去了完成这件事的动力。

因此，在奖励孩子时，父母应该尽量少用负强化奖励，多用正强化奖励，给予孩子足够多的肯定、认可和信任，让孩子的自信不断被强化，让孩子的进步不断被激发。

02 奖励正确的事情，而不是本应该做的事情 ■■□

父母在知道可以给予孩子什么样的奖励之后，还要解决一个问题：是不是只要孩子很好地完成了一件事，父母就可以毫不犹豫地给予奖励？

或者面对孩子主动讨要奖励的行为，父母到底应不应该毫不犹豫地满足？考试考得好要奖励、按时完成作业要奖励、帮忙做家务也要奖励……

我们不否认适当的奖励是有必要的，但好的奖励才能让正确的行为得到延续，因此奖励一定要奖励正确的事情，而在孩子做了本应该做的事时，我们给予适当的口头表扬即可，不要给予奖励尤其是物质奖励。奖励应该是对于更高标准的一种肯定。

什么是本应该做的事？其实，这很容易理解，就是孩子作为家庭成员、作为在校学生、作为社会独立个体，应该承担的责任和义务。

好好吃饭、好好睡觉，打扫卫生、洗刷碗筷等，都是孩子作为家庭成员应该做的事情，是孩子作为家庭成员应该承担的一部分责任。

遵守校规、尊敬老师、认真听课、完成作业，努力学习取得好成绩等，都是孩子作为在校学生应该做的事情，是孩子作为学生的最大义务。

遵纪守法就是孩子作为社会独立个体必须做的事情。

当孩子很好地完成了其中的一项或几项时，我们可以口头上给予充分的肯定与表扬，但杜绝任何形式的奖励或者承诺，让孩子知道我们在为他取得的进步和成绩而自豪就足够了。

反过来，如果我们过多地对孩子本应该做的事给出奖励或者承诺，就会让孩子难以辨别哪些是自己应该做的事情，哪些是自己应该尽的义务。

比如，孩子考试考了满分，父母非常高兴，决定奖励一套孩子梦寐以求的航天飞机模型。孩子得到了奖励当然也很高兴，但是这样的奖励存在这样的风险：孩子会认为这个奖励是自己拿好成绩交换得来的，并不会把争取好成绩当作自己应该做的事情。这样一来，孩子对本应该做的事的认知就混乱了。

我们可以口头表扬孩子，但尽量不要对孩子应该做的事情进行物质奖励。其实，我们不妨换一个角度去想，把本应该做的事完成好本身就是一种奖励，孩子考试考了满分，他得到了老师的表扬和同学的钦佩；孩子按时完成了作业，他得到了更多可支配的时间……这些，对孩子来说都是另一种意义上的奖励。

03　改正错误，不应该给奖励　■■□

奖励是在强化正确的行为，但往往很多父母还是会走进另一个误区：孩子改正了错误，也会给予奖励。父母总是热衷于奖励孩子在某件事上的进步，哪怕这件事本身就是错误的。

有一个孩子从小就很喜欢抢别的小朋友的玩具，上了小学后还经常打人，父母和老师都愁坏了。于是，父母和老师给孩子制定了很多规则以改正他的行为，但从小就被惯坏了的孩子哪有那么容易改正过来呢？

后来，为了让孩子更好地执行规则，父母就想到了用奖励的方式：每执行一项规则，就奖励一张贴纸，累计 10 张贴纸就可以兑换一个奖品。再后来，孩子打人的次数少了，父母觉得孩子有进步了，是值得鼓励和奖励的，于是又奖励了孩子一番。

其实，这就是一种有风险的做法。孩子打人本身就是错误的，努力改掉这个坏习惯是孩子必须做的事情，在这个过程中，对于孩子的每一次进步，我们都可以给予肯定，告诉孩子，他的改变是一种积极的状态。但我们不应该给予孩子奖励，在这个过程中给予的奖励，虽然能够强化孩子不打人的行为，但伴随着"一旦停止奖励就恢复原样"的风险。

我们前面说，父母一定要在正向的事情上给予奖励，这样才能起到正强化的作用，否则就不是奖励了。

04　不要用"只要……就……"的句式　■ ■ □

除了不应该奖励错误的进步，父母还要学会少用或不用"只要……就……"的句式。

　　"只要……就……"是讲条件式的对话，父母一般会在对话中加上不同的条件，期待用这些条件吸引孩子完成父母想让他完成的事："只要你考 ×× 分，我就带你去吃好吃的。""只要你每天不迟到，我就每天请你吃雪糕。""只要你能按时完成作业，我就让你玩手机。"

　　这样的对话充斥在每一个有孩子的家庭中，很多父母时不时就会说几次，并且完全不认为有什么问题。为了让孩子尽快完成一件事，多讲点条件又有何妨。

　　为了督促孩子，偶尔讲条件的确没有问题，但父母需要警惕的是，长此以往孩子会把奖励当作一种等价交换。

　　如果所有的事情，在孩子眼里都变成了等价交换，变成了"明码标价"的：好成绩值得多少好吃的，完成作业等于多少分钟的屏幕时间，赢得比赛可以兑换多少次旅游……最后的结果可能就是，孩子只会想："我应该怎样做，才能得到这些奖励。"这明显和父母的目的相差十万八千里。

　　心理学认为，人的内在驱动力支撑着人的各种行为，也就是说，人的任何行为都存在着对应的内部动机，比如饿了要吃饭，渴了想喝水。

　　在内在驱动力的驱使下，人会自然而然地完成某一件事，根本不需要外力的助推。但遗憾的是，父母常常因不合适的奖励而破坏孩子的内在驱动力，迫使孩子从"我想要"变成"我应该要"。

　　与其用奖励当筹码讲条件，不如帮孩子找到撬动内在驱动力的支点，让孩子用热爱完成每一个"我想要"。

奖励这件事，听起来简单，做起来却不容易，甚至一不小心就会起到反向作用。

父母都想帮孩子扫清成长路上的所有障碍，与其拿所谓的奖励当作诱饵，不顾一切地拉着孩子往前冲，不如帮助孩子找到他愿意为之奋力奔跑的目标，只有这样，孩子才能跑得越来越快、越来越远。

第三节

说教没用、孩子反感，该怎么办

孩子写作业不认真，常常让我们感到头疼。

我也经常听到来咨询的家长抱怨说，孩子在写作业时总是潦草了事，字迹不工整，低级错误频频出现，甚至有时候只是完成抄写作业都能抄错字或者抄漏字。

面对这样的情况，我们通常都会很生气，认为孩子写作业的态度不够端正，必须予以惩罚以求改进，而我们惩罚的方式就是不停地跟孩子说教：

"你要静下心来写作业，不要东摸摸西看看！"

"写字的时候认真一些，不要写连笔，不要漏笔画！"

"数学题做完一定要验算，你看你又粗心看错了数字。"

结果，我们说得口干舌燥，孩子要么听劝改了，不久又故态复萌，要么根本不听劝。于是，我们又接着指责孩子，甚至直接要求孩子重写。

孩子就更不耐烦了，还开始顶嘴。我们也很郁闷，搞不清哪里出了问题。其实，究其根本，是我们一味地"说教"让孩子产生了不良反应。

01 说教可能让孩子产生四种不良反应

说教的本质，是我们认为孩子因为不懂得道理所以犯错误。比如，孩子因为不知道学习的重要性，所以不好好学习。

我们习惯用说教的方式和孩子沟通，让孩子改正错误。可以这么说，说教几乎成了我们在孩子出现问题时最直接的反应。这种方式很常见，家长们对此也非常熟悉。

说教这种方式只能在短时间内，或者刚开始时发挥一定的作用，但不能总是奏效。说教可能让孩子产生四种不良反应。

（1）**难以接受**。孩子可能难以理解或接受我们所说的理念和价值观，容易产生疑惑或误解。

我们在说教时，会下意识说出类似的话："我让你多检查作业，都是为你好，形成习惯后，考试不会出问题。""我跟你说过多少次计算步骤要写清楚，你不听以后肯定会吃亏。"这种话暗含着"我在为你好，你却不知感恩"的指责。听多了之后，即使我们说的话是对的，孩子也会因被指责而产生负面情绪，然后拒绝按我们的要求去做。

（2）**缺乏互动**。说教是单向地传递信息。比如我们在检查孩子作业发现问题时，经常会说"你要练字了，这么丑的字肯定会被扣卷面分""这么简单的单词你怎么还能拼写错""算术题又不验算，你看看，又错了"……

很多来找我咨询的家长在复盘时，表示他们的说教过程就是如此，自己单方面输出得痛快，甚至不允许孩子插嘴。但对孩子来说，他只是单纯在听。说教是非常典型的、没有互动的单方面行为，缺乏孩子的互动和参与。

我朋友家的孩子就悄悄跟我说过，他特别讨厌妈妈说教唠叨，因为妈妈一说教就听不进任何解释，这让他感觉自己被忽视且不被重视，所以干脆不听了。这样一来，教育的效果也会打折扣。

（3）**引起抵触**。更多时候，孩子出现错误行为，并不是因为不懂道理。孩子可能只是在被动接受我们的说教时，产生了反感和抵触情绪，不愿意接受我们对他的教育。

我们常常告诉孩子，你要认真写作业，你要仔细检查是否有错字，你不能边写作业边玩。在孩子出现我们不理解行为时，我们常常用这些句式来说教孩子。我们费尽口舌就是要说服孩子，让孩子听话。可站在孩子的角度来看，父母则是要控制自己，他们自然会觉得很不舒服。换位思考一下，如果有人一直要求我们这样做或那样做，我们也会觉得反感。

（4）**引起冲突**。长时间的说教可能引发家庭冲突。这是小抵触经过不断积累，引发的剧烈反应。

很多人都有这种感觉——即使你知道对方说的是对的，但如果对方不断地重复，你也会觉得反感。而人一旦有了抵触情绪，就非常容易起冲突。

孩子也是一样的。很多孩子一开始很乖，我们一说有问题，他马上就改正了，只是年纪小，自控力弱，过不了多久就会犯同样的错误。这个时候，我们开始唠叨说教，孩子越听越烦，不满和抵触情绪不断累积，亲子之间冲突频发，家庭关系也变得紧张。

说教的缺点非常明显。家长过多说教，不但解决不了问题，还很容易引起孩子的反感和抵触，激化亲子矛盾，影响亲子关系。

那我们该怎么做呢？

02　减少说教频次，给出具体行为标准

如果我们总是说教，久而久之，孩子就会对我们的说教产生"免疫"，孩子会自动屏蔽我们的唠叨，完全听不进去。

如果我们能少说教孩子，在关键时刻，我们的话在孩子心里的分量就会更重。孩子也更可能听进去，并愿意按照我们的要求去做。

当然，想一下改变我们本来的习惯，彻底不说教是很难的，但我们可以有意识地减少说教频次。即使要说教，也只针对孩子存在的问题，说一两次就好，不要无意义地不停唠叨。

除了要控制说教的次数，我们还要明确"孩子写作业不认真"这件事的本质。我一直跟来咨询的家长强调，"孩子写作业不认真"这件事的本质是孩子的行为问题，而不是孩子的态度问题。

态度问题是指一个人对待某件事的态度，包括是否积极、是否认真、是否负责等。而行为问题则是指一个人在做一件事时的

表现，包括是否按照规定去做、是否按时完成等。这些表现可以来自内部动力——对自己的要求，也可以来自外部压力；而我们在谈孩子的态度时，更多的是希望激发孩子的内部动力。

在孩子写作业的场景中，当我们抱怨孩子态度不认真时，其实是想表达孩子的行为表现不符合我们的期望。也就是说，我们自己心里对孩子具体该怎么写作业有一套行为标准，符合这套行为标准的行为就是认真的，反之就是不认真的。因此，究其根本，这是行为问题。如果我们一直指责孩子态度有问题，孩子就会很茫然，他不知道怎么调整，只会越听越烦，甚至直接不理。

我们需要从行为的角度去思考如何解决孩子写作业不认真的问题，邀请孩子一起梳理出一套"认真写作业"的行为标准。我和我的孩子在写作业这件事上就制定了"写作业前要复盘一下当天所学""写完计算题要验算""写作文前要先打草稿"等标准。然后，我们一起把这些标准打印出来贴在墙上，孩子在写作业时可以参照这些标准。人的记忆力是有限的，如果想让孩子一次性记住这些标准，孩子的压力也会很大，在写作业时还要想着标准，不然就有犯错的感觉，作业也是写不好的。我们将标准打印出来，孩子经常看到，时常对照，就无须记忆，会在潜移默化中形成习惯。

而且，与孩子一同制定行为标准，会让孩子更有参与感，认为"这些标准是我参与制定的，我要主动遵守"，从而激发孩子的内部动力。这会比一味地说教指责孩子态度不认真更有效。

03 发现说教没用后及时停止，让孩子承担自然结果

孩子犯错后，我们的第一反应是对孩子的错误行为进行严厉批评，再不断和孩子讲道理，希望孩子能改正。

比如，在发现孩子写作业不认真时，会对着孩子反复强调"你要认真写作业""记得要验算"……孩子可能会觉得很烦。他可能说："你别唠叨了，我知道了。"或者很敷衍地说："嗯嗯嗯。"

这时候，我们不要生气，也不要指责孩子，只需立刻终止这个话题，不再继续督促孩子认真写作业，放手让孩子按他的想法做事即可。至于后果，让孩子自己去承担，无论是被老师批评，被要求重写作业，还是其他任何后果，都是孩子要自己承担的。

正如老话所说："人教人，百言无用，事教人，一次入心。"我们可以在保证安全的条件下，给孩子犯错的机会，再让犯错的后果去教育孩子，让孩子意识到犯错了就该承担相应的后果，才能逐渐达到让孩子不再犯错的目的。

这就是18世纪法国教育家卢梭提出的"自然后果法"。卢梭认为：儿童所受到的惩罚，应是他的过失所导致的自然结果。这样才能让孩子进行自我反省，学会自己弥补过失，纠正错误。

不过，需要注意的是，自然结果需要能够影响孩子的行为。举个例子，我们不再督促孩子早起上学，孩子需要承担迟到的后果，但如果这些后果对孩子来说是无所谓的，他就不会想要改变

赖床这个行为，那么让孩子承担这样的自然结果是没有用的。这时候，我们就要另外寻找能够触痛孩子的后果，提前和孩子约定犯错后的惩罚。例如，如果孩子爱看动画片，我们就提前和孩子约定好，如果再赖床我们将限制他看动画片的时长，甚至在孩子改正错误前，禁止他看动画片。这样一来，孩子因违反约定而受罚，就会感受到后果，然后接受后果，再寻求改进方法。

而且，只有提前约定的惩罚才属于自然结果。如果家长和孩子没有事前约定，只是在孩子犯错后，愤怒地临时对孩子进行惩罚，就很容易引发孩子的抵触情绪，这也不利于对孩子的引导和教育。

04 说教要和惩罚配合进行　■□□

话又说回来，说教为什么没有效果？从更深层面上来说，原因是说教不具备惩罚的能力。

就像你对一个乱扔垃圾的人说教，劝他不要乱扔垃圾，可能无论怎样劝说，他都不会理你。你除了嘴上说教几句，没有别的办法惩罚他。除非让他付出类似罚款、降职等代价，否则他不会听劝。

孩子也是一样的。家长只说教，只跟孩子强调写作业要认真，让孩子专心完成作业，孩子会将这些话当作耳旁风，听过就忘了。

而且，每个人的想法不同。家长一直说教，苦口婆心地劝孩子在规定时间内认真完成作业，虽然孩子也能理解家长的要求，但不愿意接受这些要求，还坚持认定"只要我最后能完成作业，过程中不那么认真也没关系"。这样的话，我们再怎么说教都是没有用的。

因此在这种情况下，我们要做的不是继续和孩子争辩，而是要引入规则，直接约束孩子的行为。如果孩子做错了，就给予相应的惩罚。制定好规则，有效地约束孩子，如果孩子做不到，就配合行之有效的惩罚。这种惩罚包括口头惩罚、体力惩罚、自我惩罚和任务惩罚等。具体方法我们会在下一节详细讲解。

其实，无论是说教，还是惩罚，都是我们教育孩子的方式，不合适我们就调整，最终总会找到最合适的方式。至于最后的目标，就像叶圣陶先生说的"凡为教，目的在达到不需要教"，在帮助孩子养成好的习惯后，孩子也会主动向好的方向发展。

第四节

孩子犯错能惩罚吗

作为父母，我们很难不关注孩子的学习成绩，因为从中我们可以大致了解到孩子的学习情况。但是，有时候孩子却表现得很无所谓，哪怕我们警告他做不到就要受到惩罚，他也不会在意。

有一个之前找我咨询的妈妈说，她家的孩子已经上三年级了，到了小学的分水岭时期，可每一次考试的成绩都不太理想，总在及格线上徘徊。父母无论怎么努力，孩子的成绩依旧没有进步。

难道这个孩子和其他孩子就是不太一样？我当时也很疑惑，但了解后才发现，问题或许不只出在孩子身上。

孩子的父母对他有着比较高的期待，每天也会尽心辅导孩子学习，但是孩子在学习过程中的小毛病，却一直被忽略了。例如，孩子说想先看一会儿电视再写作业，妈妈答应了；孩子说作业太多不想写了，爸爸答应了；很多事先做好的约定，在孩子说"不"时统统都失效了。

在日常学习中，规则不断制定，又不断被打破，但孩子依旧无所谓。就好像面对每一场考试，我们都跟孩子说一定要好好考，但孩子就是毫不在意，他知道，就算自己没考好也不用承担多严重的后果。

考试或学习，于他而言，就是一场不用承担任何后果的游戏。这样一来，孩子的学习态度会发生改变，孩子的学习成绩也会跟着改变。

如果在学习甚至生活中，没有了规则的约束，孩子的学习和成长自然也会受到影响。

01 如何给孩子制定规则

为了帮助孩子考试考得好，在日常生活中，我们一般都会这样要求孩子：三天背 15 个单词，每天抄范文半小时，一周看三本书，一、二年级主要是每天做计算题和练字。

这些可以被认为是我们所说的规则，而且这些规则都是非常具体的。那么这些具体的规则应该如何制定呢？我们遵循以下两点。

第一点：制定的规则要合理。

我们所制定的规则应当是孩子能够遵守的，必须符合孩子当下的年龄和发展阶段的特点。

我们不能期望一个五岁的孩子能拥有像成人一样的自控力，在制定规则时，应当充分考虑孩子的身心发展水平，确保规则既能促进孩子的正向发展，又不会因遵守难度过高而令孩子频繁受挫。

比如，一到三年级的孩子正处于基础教育的起步阶段，在学习上以培养良好的学习习惯为主。我们可以通过适度且合理的规则引导孩子，让孩子养成按时完成作业、认真听讲、积极参与课堂讨论等良好的学习习惯，以及学会自我管理，比如合理安排学习、休息和娱乐时间。此外，鼓励孩子多阅读，以提高他们的语言理解和表达能力。

而四到六年级的孩子开始接触更广泛的学科知识，并且需要在学习上付出更多的时间以及使用更有效的学习方法。比如，引导孩子上课记笔记、课前预习、课后复习、遇到不懂的问题及时请教老师或同学等。

家长们也应该跟进一下孩子的日常学习进度，我们可以在孩子考试后，及时进行复盘，帮助孩子找出薄弱点，然后依据薄弱点来制定规则。比如，发现试卷的错题主要是单词拼写错误，那我们就可以针对单词拼写制定学习规则，让孩子每天背三个单词，每个单词抄写五遍，默写五遍。

我们不要小看这些微小的规则，每天的微小习惯，不但可以帮助孩子养成习惯，更能帮助孩子循序渐进提高成绩。

第二点：制定规则之前要与孩子沟通。

在制定规则前，了解孩子的需求和感受，有助于确保规则是合理的，让孩子参与其中，能够让他们更加有责任感，也更加愿意遵守我们制定好的规则。

比如，我们拿到孩子的试卷，如果孩子成绩不好，我们不要指责打骂孩子，而要跟他一起复盘哪些知识没有掌握，让他说出自己遇到的困难，与他一同制定日常的规则与计划。

当然，在沟通的过程中父母也需要向孩子解释为什么需要这些规则，如果规则被打破会发生什么，会有什么惩罚。

父母也不要让孩子认为只有他自己需要遵守规则，作为父母，我们需要让孩子明白，我们在工作和生活中也要遵守很多规则，因此孩子在学习中也应该遵守学习的规则。

02　规则被打破，要有惩罚

很多来访的家长，有一个很大的困惑：我们的亲子关系本就不那么和谐，好不容易建立的和谐亲子关系，会不会因惩罚孩子而破裂，我惩罚孩子会不会对他的心灵造成伤害？

我们先来看看什么是惩罚。惩罚其实是我们管理孩子行为的一种必要手段，对孩子来说，很多正确的行为可以没有，但是错误的行为绝不能有。而惩罚的目的就是纠正孩子的错误行为，正确的惩罚实际上比奖励孩子更有效。

那么，正确的惩罚应该是什么样的？如何惩罚才有效？在惩罚时，应该注意以下两点。

第一点：一定要提前制定规则。

所有的惩罚一定是在孩子已知的情况下进行的，而不能在未知的情况下去惩罚孩子。也就是惩罚的执行必须建立在事先明确的规则之上，这样的惩罚才能发挥其应有的教育和矫正作用。否则，孩子很难服气。

假设有一天，我们刚在一个地方停好车，这时一个管理员过来，说我们违停了，要罚款，而我们扫视了周围一圈，并没有看到任何禁止停车的警示牌，并且周围还停满了车。这时我们自然就会问："没有不能停车的明确标识，怎么就要交罚款呢？"这时，管理员突然"唰"的一下将一块禁止停车的牌子摆在地上，告诉我们，现在有标识了。这个时候，我们会给他钱吗？肯定不会，我们会说："我停完车之后，你才摆上这个牌子的。"我们肯定是不服气的。

孩子也是一样的。如果孩子考试成绩不理想，还一脸坦然，在我们惩罚他们时，孩子可能也很不服气。在他的认知里，我们从来没有跟他沟通过关于好成绩或坏成绩的奖惩规则。家长们可能觉得，我们说了不止一次：考试要考一个好成绩，下次考试要考 ×× 分，期末考试考进前 10 名。

殊不知我们说的这些，都不是规则，而是一个目标或者期望。对于一个不具体的目标或者期望，孩子是不知道如何达到的，我们需要具体的规则。

比如，在这次考试中，80% 的错误都是单词写错导致的，那么孩子需要每天背 20 个单词，达到能够默写这些单词的水平。这就是具体的规则。

如果孩子破坏了这个规则，我们就可以惩罚孩子。

如果孩子觉得这个惩罚不合理，那就引导他说出自己的想法，然后再与孩子一起协商出双方都能接受的惩罚规则。

假如我们约定没有完成20个单词的默写，就罚孩子抄写课文。可孩子觉得平时写完作业就很晚了，再抄写课文会影响他的睡眠时间。那你们就可以商量着换一种惩罚方式，如罚他一个周末不能看电视等。

第二点：惩罚好不好用，要看合不合适。

强化奖励分为正强化和负强化，其实惩罚同样也分为正惩罚和负惩罚。

正惩罚就是给予让人不愉快的刺激，而负惩罚则是消除让人愉快的刺激。比如孩子没按时完成作业，家长批评他一顿，这是正惩罚；不让他看电视，则是负惩罚。

（1）正惩罚常见的几种形式如下。

①口头惩罚。惩罚的是行为，而不是人，也就是我们常说的"对事不对人"。我们只是对于孩子的错误行为进行批评或表达不赞同，而不是否定孩子整个人。

比如孩子因玩手机而耽误了写作业，那我们可以批评他："你今天边玩手机边写作业，导致作业没完成，我认为这样不好。"这样只是批评他的行为不好，而不是他这个人不好。

我们要让孩子明白，他只是做错了这件事情，他这个人不是坏的。比如，对于一个撒谎的孩子，撒谎的这个行为是错的，但并不代表孩子就是个坏人。

②**体力惩罚**。孩子懒，不喜欢动手干活，那就惩罚他去完成一些需要动手的或消耗体力的任务，让他切身感受到错误行为带来的后果。

比如家里一直都规定，最后一个吃完饭的人，要负责收拾餐桌、洗碗，而孩子今天最后一个吃完饭，却不按规定收拾，直接走掉了。那就要罚他在接下来的一周里，都要负责收拾餐桌和洗碗。

③**自我惩罚**。当孩子做错事时，我们先引导他认识到自己的错误，然后让他自己选择改正的方式。

孩子把家里弄得很乱，东西扔得到处都是，让人无处下脚。那就告诉孩子，他的这种行为给全家人带来了不便，让他自己想办法处理，必须让家里恢复干净整洁。

④**任务惩罚**。孩子偷懒，没有按要求完成规定的任务，那就给他布置额外的任务。

比如孩子没有好好写作业，那父母可以告诉孩子："这周的数学作业，有很多基础题你都做错了，数字还写得歪七扭八的，证明你根本就没有认真写作业，罚你下周每天多做五道数学题。"

给孩子增加额外的学习任务，让他意识到，自己一时的敷衍对待，换来的将是更多的习题。

（2）负惩罚常见的几种形式如下。

①**时间限制**。限制与孩子不良表现相关的时间。孩子近期因玩游戏的时间太长而影响了学习，那就将游戏时间限制为每三天玩一小时，为期一个月。

②**奖励剥夺**。在孩子平时表现好时，我们一般都会承诺某些奖励。奖励剥夺就是剥夺孩子在表现良好时所获得的奖励。

比如之前奖励孩子每周末可以去看一场电影，但是因为他最近作业完成情况不佳，所以剥夺了看电影这个奖励。

③**情绪降温**。孩子虽然年幼，但他们早就学会了看脸色，特别是父母的脸色。我们可以在批评孩子后一段时间内保持严肃，让孩子通过父母的脸色和情绪认识到父母的态度，意识到问题的严重性。

④**活动限制**。如果孩子表现不好，那就限制他参加他特别想参加的活动，但前提是不要破坏已有的约定。

比如我们和孩子早就约定好每个月可以去一次游乐场，那当孩子犯了错误时，我们可以限制他其他的活动，例如不允许他周末去参加同学的生日派对，但不能破坏每个月去一次游乐场的约定。

每个孩子都是独一无二的个体，他们的性格、需求和心理承受能力都有所不同。因此，在制定惩罚措施时，我们要充分考虑这些因素，确保惩罚既能达到预期效果，又不会对孩子的心理健康造成负面影响。

曾有一个家长问我，在孩子犯错误时，你平时是怎么处理的？

我只能告诉他，我的方法只适合我的孩子，这套方法不是通用的。

也就是说，我们只有在充分了解孩子的情况下，才能制定出适合孩子的惩罚规则，而不能机械地运用他人的经验，照搬他人的办法。

那么，怎样才能判断惩罚有效与否？

要看惩罚有没有改变孩子的行为，比如孩子之前每天写作业都拖拉磨蹭，这个惩罚让他不再拖拉磨蹭了，那就说明这个惩罚是有效果的。

及时通过惩罚去改变孩子的错误行为，可以避免错误行为造成更大、更严重的后果，惩罚的标准是能改变孩子错误行为的最低伤害。这里说的伤害，是惩罚本身对孩子的伤害，所有惩罚的本质都是通过对孩子的"伤害"来改变孩子的错误行为，但我们要控制这个伤害的程度，比如上班迟到一次罚款 20 元，是合理的，但是迟到一次罚款 2 万元就过度了，虽然迟到一次罚款 2 万元，对于解决迟到这个问题效果很明显，但这属于过度惩罚，是不合理的。

从长远的角度来说，不合理的惩罚都会是无效的惩罚。我们一定要在日常生活中观察我们的孩子，比如惩罚孩子抄写一遍课文，有些孩子是能够完成的，并且不会影响他们睡觉的时间，这就是合理的惩罚；但如果有些孩子基础比较差，罚他们抄写一遍课文，就要抄写到夜里 12 点之后，会影响他们的睡眠，这就属于过度惩罚。我们可以通过观察孩子的日常生活，来设定合理的惩罚。

03 惩罚要有统一的标准 ■ ■ □

很多家庭，都是多成员家庭，有时候爸爸妈妈制定了规则，到爷爷奶奶那里，他们心疼孩子，规则就被打破了。在现代家庭中，父母、祖父母等多人共同参与孩子的教育和抚养是常见的现象。在这么多人一起管教孩子的情况下，如果对孩子的同一个行为，有人奖励，有人惩罚，没有统一的标准，或者不同的人采取不同的方式惩罚孩子，那么这种惩罚要么会起不到效果，要么会对孩子的心理健康和行为发展产生负面影响。当几个人一起管教孩子时，建立一个标准的惩罚尺度是至关重要的。

那么，该如何去建立这个标准的惩罚尺度呢？

（1）确保所有的家庭成员都了解并同意这个惩罚尺度。 想要做到这点，可能需要一些时间和努力，每个家庭成员的教育观念和方式都可能有所不同。

就像在一些家庭中，父母规定孩子每天放学必须先写作业，再玩游戏或看电视，但爷爷奶奶可能觉得，孩子上了一天学很累，回家先玩一会儿再写作业也没有关系。又比如，父母不让孩子睡前吃糖而爷爷奶奶却偷偷给孩子糖吃。

这个时候，父母应该与其他家庭成员进行充分的沟通，共同确定针对孩子的行为规则，统一对于孩子的惩罚标准。也可以考虑一个更简单的方式，那就是每次惩罚都由一个人实施，其他人做监督。

（2）**标准的惩罚尺度是可以灵活调整的**。常言道：规则是死的，人是活的。虽然我们给孩子建立了惩罚尺度，但并不代表这个尺度定了之后，孩子在什么情况下都要遵守。

比如，我们给孩子定的规则是：每天晚上九点半之前必须完成作业，否则就要受到惩罚。可是有一天，孩子的作业特别多，远远超出了以往的作业量，那在这时，我们还要惩罚孩子吗？

虽然惩罚要有一个标准的尺度，但在特定的情况下，这个尺度是可以调整的，也就是说这个规则是可以被打破的。

当然了，打破规则必须有一个合理的解释。关于这点，我们一定要跟孩子说清楚，让他明白，在什么情况下，这个规则才可以被打破，而不是可以随意更改的。

总之，对孩子的惩罚是一门艺术，也是一门科学。在惩罚孩子时，我们需要综合考虑孩子的个性、行为特点及家庭环境等因素，以确保惩罚既能达到教育目的，又不会对孩子的身心发展造成负面影响，并可以帮助孩子在正确的道路上健康成长。

CHAPTER

3

——

第三章

建立自信

拖拉磨蹭的背后可能是畏难情绪在作祟

我相信父母都希望孩子改掉拖拉磨蹭的毛病，而变得有行动力、有勇气、有冲劲。我们首先要意识到，拖拉磨蹭只是孩子的外在表现，其内在原因实际上可能是孩子的畏难情绪或是自卑心理在作祟。

比如说起考试，有些孩子表现得很积极，积极努力地复习，希望取得一个好成绩。而有些孩子从一开始就表现得非常畏惧，这可能是因为孩子前几次考试没有考好，孩子逐渐选择了回避，这也是心理学上常说的"习得性无助"，最后就表现出了拖拉磨蹭的状态。

想让孩子从根本上解决拖拉磨蹭问题，我们就要帮助和引导孩子去建立自信。人的自信并不是天生的，需要我们后天去习得。当然我们也要警惕孩子的自大心理，多关注孩子的习惯养成，而非多关注成绩。让孩子在学习上、生活中多一些成功的体验，多提升孩子的自我效能感。

具体应该怎么做？我们会在本章中详细讲述。让我们和孩子共同面对学习和生活上的一切困难和挑战吧。

自信是正向的自我评价

自我评价是自信的基础。类似"我觉得自己是好的"这种正向的自我评价就是自信。

在心理学中，自信是个体对于自我评价的一种稳定的感觉，是在具体场景中，对是否有能力解决一件事情的一种评定，是建立在对自己的正确认知基础上的、对自己实力的正确估计和积极肯定。

换句话说，自信的前提是了解自己，而了解自己是一个由内而外的过程。

比如，孩子觉得自己的动手能力很强，认为老师布置的手工作业对自己来说就是小菜一碟——这是孩子对自己的了解，但这还不够。孩子每一次的手工作业都得到了他人的赞美，或者得到了老师的肯定、学校的荣誉奖励，这才是由内而外了解自己的过程。

我们反过来看，就会发现，孩子自信的养成，其实和我们对待他的言行有着很大的关系，我们怎么对待孩子，孩子就怎么从我们的言行中了解自己。

我们前面说的孩子产生的"习得性无助"，就和我们平时的言行和引导有关系。

"习得性无助"是由美国心理学家马丁·塞利格曼提出的一个概念，泛指因重复的失败或惩罚而产生的听任摆布的行为。最常见的描述是：一个人认识到自己无论做什么都不能控制事情的结果，于是消极地面对生活，没有意志力去战胜困境，主动性降低，容易陷入无助、沮丧和绝望中。

还没开始考试或者还没开始比赛，孩子就消极地认为自己做不到或做不好，自我评价很低。在以往的咨询中，我也遇到过这样的一个孩子。他因为新转入的学校课程节奏比较快，有些知识点没有得到很好的消化，所以作业错误率很高。孩子妈妈也很苦恼，有时候急了就会骂孩子："你怎么这么笨，平时上课都不听课吗？这么简单的题都不会！"

这个孩子越来越紧张，作业依旧错误率高，学习成绩也一直没有提高，并且逐渐开始自我否定，在机会来临时，哪怕自己是有能力做好的，他也会选择退缩。

怎么办呢？我对孩子妈妈说，以后要把"骂"变成"夸"，不断地鼓励他。孩子作业错误率高，就夸他："你做对了好几道题呢！"孩子害怕比赛，鼓励他："不管有没有取得更靠前的名次，你都已经战胜自己啦！"

在孩子的自我认知还比较浅薄时，他们对自己的认识大部分来自父母，他们对父母的言语格外在意。"秘诀"就是选择性地忽略错误，尽可能只看到孩子做得好的地方。当然，我们也并不是非得这么说才行，重要的是我们需要有意识地去关注孩子，了解孩子的内心需求，帮助孩子先从自我否定中走出来，告诉孩子只要努力就有可能得到好的结果，慢慢将孩子的自信培养起来。

除此之外，在日常生活中，我们也应当减少对孩子不必要的保护。我们要相信孩子天生就是"冒险家"，他们会在生活的冒险中，不断习得技能与自信。在他们对周遭事物充满好奇时，我们更应该放手让他们去探索，不打"安全牌"，不过度保护。

01 自我评价极端之一：自卑

我们说孩子的"习得性无助"是自卑的一种表现，而自卑，可以看作自我评价的一个极端。

《心理学入门》一书中说到，自卑是指一个人对自己的能力、品质等做出稳定的偏低的评价，是觉得自己不如别人的一种消极的心理状态，这也是普遍存在的一种负面情绪。著名心理学家阿尔弗雷德·阿德勒认为，具有自卑情结的人，主要的心理特征包括敏感、自我贬低、社交回避、过度竞争性、设防心理。

通常来说，自卑包括两个方面：一个方面是，认为自己不如别人，比别人差；另一个方面是，没办法改变自己不如别人的现实。

比如，提到考试，孩子就说别人更厉害，自己肯定考不过别人，说到比赛，孩子也觉得自己不会得奖拿名次，总之做任何事孩子都认为别人会比自己做得好，自己就是最差的那一个。这就是认为自己比别人差。

而"没办法改变自己不如别人的现实"，则像是更深一层的无助和妥协。以考试为例，孩子认为自己不如别人，并且不相信自己在付出努力后能够赶上别人。我接触过一些比较自卑的孩子，他们会经常说："没用的，不管我怎么努力都不如别人，我就是这么差劲。"

孩子为什么变得自卑，原因有很多，包括环境因素、性格因素以及生理或心理上的缺陷等。

作为父母，我们能做的是，给孩子创造一个有爱的家庭氛围，少一点严厉，多一点关爱和鼓励，尤其是在孩子经历挫折和失败时；从微小的事情做起，适当地帮助孩子积累成功的体验，比如成功地做一道菜、成功地解决一道难题等。

02 自我评价极端之一：自大 ■■□□

自我评价的另一个极端是：自大。自大实际上就是对自我的评价脱离了别人的反馈。

我们说，自信源于对自己的正向评价，是基于与他人之间的互动和他人的反馈得到结论，"我认为自己是可以的"，这是自信。而自大的人会直接忽略他人的反馈，只要自己认为自己可以，那自己就是可以的。

在心理学中，自大就是自我膨胀，高看自己，以回避糟糕的感受。自大背后的思维逻辑是，尽量减少接收他人真正的反馈，只做自我评价。一旦跟别人产生了交流，形成了反馈，那他的自大就会被揭露、被证实，这是自大的人无法接受的。

自大的人往往会形成这样的语言风格："我可以……，我只不过是不想去做而已！"我可以，但我绝对不做，这样别人甚至是自己就永远无法证明自己是行还是不行。

孩子的自大，有时候会被大人认为是一种玩笑，常常被忽略。比如，我们想让孩子去参加一个知识竞赛，好说歹说，孩子都无动于衷，最后甚至不屑一顾地回应："我去参加肯定能拿奖，但我现在就是不想去！"或者在活动后给自己辩解："我要是参加了我也能拿奖，我只不过不想参加而已！"我们可能将这样的说辞当作孩子的一句玩笑话，一笑而过了。当然，也并不是每一个这样说话的孩子都是自大的孩子，只有那些长期如此的孩子，才算是自大的。

我们也可以说，自大其实是对自我的一种保护。自大的人往往不希望自己是没有能力的，他们害怕别人认为他们做什么都不行。

除此之外，自大还表现为夸大自己的成绩或者优点，以自我为中心，不尊重他人的意见和感受，认为自己的观点就是唯一正确的。

自大一般源于内心的不安全感和过多的比较，其中甚至还隐藏着自卑感。那么作为父母，我们应该怎么引导这样的孩子呢？

首先，我们要告诉孩子，不管怎么样，我们都是爱你的。常跟孩子表达爱，就是在让孩子不断确认他是被爱的，使孩子拥有足够多的安全感。

其次，减少不必要的比较。我们不要过多地拿自己的孩子跟其他孩子做比较，也不要让孩子过多地跟别人比较。比如，在孩子每次考试后，我们不要向孩子打听班上其他同学的成绩，避免不自觉地对孩子进行比较，同时也告诉孩子：不跟别人比，只和自己的上一次比，只要每一次都有进步，就是值得表扬的。

最后也是最重要的，要帮助孩子打消内心深处的自卑感，让孩子逐渐自信起来，变成真正自信的人。每个孩子都应该拥有稳定的、正向的自我评价，不自我夸大，也不妄自菲薄。

建立自信的过程，其实就是建立正向的自我评价体系和他人认同体系的过程。作为父母，我们需要了解孩子的内心世界，找出孩子不自信的根源，这样才能真正帮助孩子建立自信心。

第二节
孩子为什么会不自信

孩子在学习上不够自信，是很多父母都会操心的问题。我们也许想过很多让孩子变得自信的方法，但可能忽略了孩子不自信的根源。

孩子为什么会不自信？前面我们说，自信与自我评价和他人反馈有关，孩子不自信也同样源于此。

在家庭教育的大多数场景中，孩子的不自信有很多种表现方式，比如畏难、拖延、磨蹭……但孩子不自信的原因大多来自父母的错误归因、否定以及成功经验的缺乏等，无论是父母的评价还是成功经验，都是孩子自我评价的重要来源。

01 父母的"归因"会影响孩子的自我评价

在孩子的成长过程中，父母的态度和评价都会直接影响孩子的自我认知和自我评价。

而父母的评价一般都来自他们对于一件事情的"归因"，也就是将这件事情归结于什么原因。

归因，是对一件事情的解读。也就是家长对孩子所做事情的一种看法，一种评判标准。

比如，孩子不会做某道题，家长会想为什么不会做？是因为你上课没有认真听讲。孩子考试成绩不理想，家长常会思考为什么成绩不理想？是因为孩子学习不够努力。我们常常会将孩子的失败归结于孩子的态度不积极。

事实上，我们对孩子在学习上的不正确归因，会导致我们对孩子学习这件事情产生情绪，而这种情绪又直接影响我们的行为。

如果我们认为孩子学习不好，是态度问题，那么我们就会很生气，甚至会批评责骂孩子，久而久之，孩子对学习产生了恐惧，继而对学习失去了信心。

比如，很多孩子常常会多次栽倒在"同一个坑里"，反复出错。把错过的题目改正过来后，还会出错。同样的题换了一种提问方式，孩子就不会做了。这时，很多家长可能会认为孩子不用心、不仔细，孩子的态度有问题，然后批评孩子。被批评多了，孩子就会在心里默认自己是粗心的，进而否定自己的努力。

如果我们能够及时发现孩子反复犯错的原因在于他并没有掌握这道题涉及的知识点，也就是说这道题的难度超过了孩子的能力，那么我们就不会给出孩子"不用心、不仔细"这样的评价，孩子也就不会在反复的错误中否定自己，失去信心。

如果我们对孩子的归因是正确的，那我们的反馈会让孩子对自己有更加正确的了解；反之，往往会令孩子对自己产生错误的了解。

孩子对自己错误的了解或者说是错误的自我认知，就是孩子不自信的源头。

02　孩子的恐惧可能源于父母的否定　■■□□

与父母的不正确归因一样，来自父母的言语否定，同样会使孩子产生畏惧、失去自信心，并且其负面影响更为直接。

在日常生活中，我们可能还常常遇到这种情况：作业能拖就拖，甚至孩子还要躲进房间里才肯写，就是不让我们看到，哪怕作业写完了也会快速地收起来，生怕我们检查作业。

我之前在学生中做过调查，根据大部分学生反馈的信息发现，他们拖着不写作业的原因，主要是怕遇到不会的题，被家长批评。

当孩子遇到不会的题时，会耽误很长时间，而我们看到了往往会很生气，并且指责孩子："你怎么这么笨，这么简单的题都不会做。""你课堂上到底听没听讲，这道题明明只是课本上题型的简单变化，脑子怎么就是转不过来？"

虽然我们的本意不是否定孩子的能力，但孩子不懂，他们接收到的信息是"作业很难，如果我不会做，爸妈就会批评我"，孩子因此产生恐惧心理，下意识地开始自我保护，用拖延来回避写作业这件事。

这种想法带来的影响并不仅限于写作业，这种想法还可能会导致孩子在学习和生活中过分紧张，甚至避免尝试新的挑战和机会。人都是趋利避害的，如果这种恐惧让我们感觉到会被伤害，那么我们的本能反应肯定是躲避它。孩子拖着不写作业，也不敢让我们检查作业的原因，就是他知道在写作业的过程中有可能会遭受到来自父母的批评。他们害怕因无法满足父母的期望而受到批评，干脆选择逃避。

毕竟，什么也不做，就什么也不会做错。

很多时候我们并没有故意打击孩子，而是我们对孩子无意间的否定，让孩子产生恐惧，让孩子变得不再自信。

03 孩子之所以不自信，是因为在学习中缺少成功的体验 ■■□□

学习是一个充满挑战的过程，孩子需要不断尝试、失败、再尝试，在尝试的过程中，如果孩子一直没体验过成功的快乐，那他很容易失去对学习的信心，进而认为自己无法胜任学习任务。

那么，一个在学习中缺少成功体验的孩子，都有可能经历了什么？我归纳了以下几种情况。

情况一：教育环境过于注重结果，忽视了过程和努力的价值。

学校虽然不再给学生打分、排名次，但考试成绩好的学生，总能得到更多的关注，而那些成绩相对不够理想的学生，存在感相对更低。

在家里，孩子又常被父母告知："你只有每门考试都考到

××分才是好成绩；每次考试成绩都要在班级排名上游，以后才能有出息。"

孩子处在这样"唯结果论"的环境中，久而久之，自己也会觉得，只有取得好成绩，才是一个优秀的学生。

可是，如果孩子一直都很努力，却仍然达不到家长的要求，而家长也没有看到他的努力，只觉得他付出的努力还不够多，孩子的学习劲头就会慢慢减弱。他觉得自己无论怎么努力都当不了优秀学生，干脆放弃算了。

情况二：没有找到适合自己的学习方法。

我们经常会看到一些关于学习方法的宣传，例如，只要孩子学会了这个方法，学习将是一件很轻松的事情；只要孩子学会了那个方法，取得好成绩不是梦；只要……

于是，很多父母让自家孩子全套照搬这些方法来学习，并对孩子寄予了"厚望"。还对孩子说："只要你以后按照这套方法，认真学习，成绩肯定能提高。"

诚然，好的学习方法，可以让孩子在学习中事半功倍。可是个体差异的存在，使每个孩子的接受能力和理解能力有所不同，别人的"黄金学习方法"对他来说未必有用。

如果一套学习方法，根本就不适合孩子，那他在使用这套方法学习时可能会更痛苦。而年幼的孩子的想法都比较简单，他可能会认为是因为自己太笨了，所以才用不好这个"好方法"，从

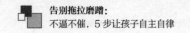
而严重影响他的自信心。

情况三：在学习过程中，缺乏鼓励和支持。

对年幼的孩子来说，对于学习具体要达到什么程度才算成功，他们是没有概念的，他的"成功"都来源于他人的评价。家长或老师的鼓励和支持，能让他从心里肯定自己。

然而有时，我们可能过于关注孩子的学习成绩，忽视了对他们的关心和鼓励。

比如，孩子已经很努力学习了，但考试成绩仍不理想，我们虽然也看到了孩子的努力，但有时候我们更看重的似乎是孩子的成绩。对于这个不够理想的结果，我们会觉得自己不发脾气就已经够"仁慈"了，怎么会想到鼓励孩子呢。

情况四：家长不当的激励方式，"中伤"了孩子。

有些时候，为了激励孩子更努力学习，我们还喜欢拿孩子跟其他孩子进行比较，比如，

"你看隔壁小丽，期末数学考试得了满分，你就没得满分，还要继续努力！"

"你同学小明，每天写完作业之后，还有时间额外做 10 道数学题，而你连 3 道题都做不完，写作业的速度还得加快啊！"

"人家小美，每个学期都拿好几张奖状回来，你却一张都没有，得加油了！"

我们通过这种方式激励孩子更努力地学习，本意是为孩子好，殊不知，孩子在一次次的比较中，可能会不断地否定自己，觉得自己无论怎么努力都比别人差，因此产生了自卑感，进而影响了孩子的自信心。

　　由孩子的这些经历我们不难看出，孩子之所以在学习中缺乏自信，是因为他从来没有在学习中获得成就感，这使他失去了努力学习的动力。

　　总而言之，了解了孩子不自信的几个关键因素，我们才能在孩子的日常学习和生活中，更有针对性地帮助孩子提升自信心。

第三节

用"积极归因"帮助孩子建立自信

前面我们说，孩子不自信有很大可能与父母的错误归因有关，要解决孩子不自信的问题，就一定要先解决父母的归因问题。也就是说，父母要改变自己的归因风格。

01 借助"归因象限"，找出家长的归因误区

我们对孩子的行为结果归因，一般可以归结为努力、能力、运气和难度四个方面。比如，对于孩子"这次考试取得了理想的成绩"这件事，四个归因将会得出以下四个答案。

A. 孩子最近学得很不错

B. 这次正好考了孩子会的知识

C. 孩子擅长这门课程

D. 这次考试比较简单

从这四个答案中可以看出：A 归因为努力；B 归因为运气；C 归因为能力；D 归因为难度。

而这四个答案，它们又分别对应了几个不同的维度。

1. 归因的维度：内外维度和稳定维度

内外维度分内部维度和外部维度。内部维度分别是努力和能力；外部维度分别是运气和难度。

在这些维度中，努力和能力，是孩子可以决定的；而孩子无法决定的，是运气和难度。

比如考试的题目是简单还是困难，孩子决定不了。至于运气的好坏，孩子也无法决定，毕竟我们不知道这次考试的题目是不是孩子会的，而孩子猜的是否都猜对了。

由此看来，外部维度，也就是来自外部的因素跟孩子自身的关系并不大，我们在做归因时，尽量归结到内部维度，因为努力和能力是出自孩子自身的，是我们可以决定的。

比如努力的程度。努力的程度就是看孩子为这件事情投入了多少时间和精力，比如孩子每天都在背单词、练听力，孩子的英语成绩有了提高，我们就可以认为孩子付出了足够多的努力……

比如孩子的能力。孩子的能力有多强，我们应该是比较清楚的，比如三年级的孩子只会做三年级的习题，换成五年级的他肯定就不会了，孩子的能力就是三年级孩子的水平，我们不能因为一道超纲的习题就否定孩子的能力。

稳定维度分为稳定和不稳定两个。稳定维度是能力和难度，不稳定维度是努力和运气。

内外维度是指这个事情由谁决定，而稳定维度是指某件事的结果与个体相关的稳定特征，有些特征是相对持久和难以改变的。当然，这并不是绝对不能改变，而是在改变时比较难。

比如，对于一个人的成功或失败，人们习惯将其归结于个人的天赋或智力水平以及性格特点。这些个人特征相对来说是稳定的，至少在某一个阶段是稳定的。也就是说，我们的能力相对来说是稳定的。

除了能力，相对稳定的还有难度。比如考试的难度，四年级的试题和五年级的试题相比，肯定是五年级的试题更难些，它们的难度是相对稳定的。

那什么是不稳定的呢？你的行为是相对不稳定的。努力就是一种行为，你可能在一段时间内学习特别努力，也有可能在一段时间内学习没那么努力；而运气，也是相对不稳定的，就如我们前面说过的，你不知道这次考试的题目是否都是你会的。

我们对待一件事，到底是偏向稳定维度的归因还是不稳定维度的归因，具体还要看事情的结果。

2. 归因分好坏，也看结果

我们其实很难分辨好归因和坏归因，归因的好坏要看所产生的结果。如果归因产生了积极的效果，那就是好归因，即积极归因；如果归因产生了消极的效果，那就是坏归因，即消极归因。

比如当成功完成一件事情时，它相应的积极归因是：将成功归因于努力和能力。归因于努力（我的行为），因为我天天打篮球，所以我现在投篮很准；归因于能力，那就是因为我有体育天赋，所以我篮球打得很好。

而消极归因则是：将成功归因于运气和难度。比如，我这次考试成绩排在全班第一，我将它归因于是我的运气好，或者觉得这次的试题太简单了，也就是归因于难度。

积极归因中的努力和能力，是我们能决定的，这就意味着只要我继续努力，这样的成功就是可以复制的，因此产生了积极的效果。这种效果给了我们成就感，让我们有了继续努力的动力。

而消极归因中的运气和难度，则是我们不能决定的，即使这次成功了，下次遇到同样的事情也未必会成功。在下一次失败时，我们也会觉得很正常，毕竟好运气不可能随时都有，消极的效果就这样产生了。

消极的效果往往让人有种无力感，这是个人不可控的，让人感觉就算再怎么努力都没有用，只能听天由命。

又比如当一件事情失败之后，其积极归因是：将失败归因于努力和难度。孩子这次考试没考好，我们就跟孩子说："这次没考好，可能是因为你最近努力的程度还不够，再加把劲，争取下次考好点。"不过，我们也不能只归因于努力，人的努力是有限的，如果只是一味地去付出更多努力，可能也会产生无力感。

我们还要适当地把失败归因于难度，我们可以跟孩子说："这次的试题难度比较高，有些题都超纲了。"我们要让孩子明白，这次考试的难度并非正常水平，以后只要难度恢复到正常水平，他就可以考好了。实际上，这也是减轻孩子心理负担的一种方式。

而消极归因则是：将失败归因于能力和运气。如果我们将孩子没考好归因于他的能力，那他就会认定是自己能力差，这就意味他下次还是会考不好，能力差的问题靠自己是很难解决的，下次考试也还是能力差。

这种的消极效果是可怕的，当一个人觉得自己的失败是常态时，那他的自我效能感就会很低，也就是对自己完全失去了信心，只好"破罐子破摔"了。

如果我们将其归因于运气，那孩子就不知道该做什么了，毕竟运气不是个人能控制的，就算再怎么努力都是徒劳，也就没必要去做分析试卷和查缺补漏了，下次考试只好随缘了。

通过上述归因所产生的结果，我们可以得知，无论是成功还是失败，都尽量不要归因于运气，因为运气是个人不可控的，所以无法给我们带来积极的效果。

02 转变消极归因，是培养孩子自信心的关键　■■□

转变消极归因，就是将消极归因转变为积极归因，是我提议家长们要进行归因自查的初衷。

我们往往会习惯性地认为，失败是对一个人能力不足的证明，因此我们总在避免失败。

如果我们换一个思路去想，想从失败中寻找一种积极的解释，就像积极心理学里所说的那样：任何一件事情都会对我们产生积极的意义。也就是我们要知道如何让自己变得更好，而不是发现自己是不好的。

我们要把一些不可控的因素，比如运气、难度等，逐渐地往可控的方向去引导，去改变。

那具体要怎么去转变呢？

（1）**意识到生活中的消极归因**。通过归因自查，测出自己的归因风格，是偏向于积极归因，还是消极归因，然后做出改变。

前面我们讲过，孩子之所以没有自信，是因为我们对孩子的评价过于负面。

比如，孩子考试取得了好成绩，你认为是他运气好或者试题比较简单，就是不肯定孩子；而孩子考得不好，你又认为是孩子不够努力或者能力不行造成的，继而去责怪孩子。

也就是说，孩子成功了，你觉得是外部因素，而失败，又成了孩子的个人问题。使用这种消极的归因方式对待孩子，孩子是无法建立自信的。

（2）**寻找积极的解释**。当孩子考得好时，尽量多去夸奖孩子，比如夸他学习努力，夸他聪明。让这些正面的评价去影响孩子，增强孩子的自信心。

当孩子考得不好时，尽量去开导孩子，比如跟他说："这次考试，很多题已经超出了你的能力范围。"

当取得了好的结果时，我们要将其归因于内部因素；当取得了不好的结果时，我们尽量将其归因于外部因素。

我们要让孩子明白：之所以考得好，是因为他努力、聪明；考得不好，原因也不是他能力不够，而是外部因素，与个人无关。这样，孩子的自信心就不会受到打击。

（3）**采取积极的行动**。无论是成功还是失败，我们都要用积极的归因方式去引导孩子用积极的心态面对，然后采取积极的行动。

比如，考得好就鼓励孩子继续努力，再接再厉，争取更大的进步；考得不好，就劝慰孩子不要气馁，毕竟"胜败乃兵家常事"，不必过于纠结，然后与孩子一起分析试题，查缺补漏，争取下一次考试取得好成绩。

将消极归因转变为积极归因的目的，就是让家长学会怎么改变对孩子的评价。

归因风格的改变可以有效地改变我们对孩子的情绪反应，而情绪反应的变化又可以改变我们对孩子的行为。

也就是在教育孩子的过程中，不管孩子遇到任何事情，只要我们用积极的心态去应对，孩子自然会在我们的影响下，增强自我效能感，培养成长型思维，逐渐变得自信起来。

当孩子对自己有了正确的认识，有了自信，自然就多了一份从容。他在参加重大考试时，就不会再因为过度紧张而影响发挥了。

自信心是孩子成长道路上的基石，也是孩子在学习中不断进步的力量源泉，更是他们人生中面对挑战、探索未知时必不可少的武器。如何培养孩子的自信心是我们每位家长的必修课，我们只有通过不断的学习，才能帮助孩子建立起强大的自信心，为他们的未来打下坚实的基础。

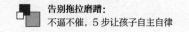

如何帮助孩子消除畏惧心理

前面我们说到，父母的否定是孩子对学习产生不自信和畏惧心理的根源之一。孩子对学习产生了畏惧，就会本能地用拖拉磨蹭来逃避学习这件事，久而久之，学习的最终效果就会大打折扣。

比如对于写作业这件事，很多孩子可能比较抗拒写作业，一是害怕作业太难了自己不会写，自信心受挫，二是怕作业写不好，会被父母责骂。

如果孩子对于写作业这件事一直抗拒甚至畏惧，孩子作业的完成度就会很低，进而影响学习的进度和效果。

那么，我们应该怎么帮助孩子克服这种畏惧心理呢？我认为，需要从我们的言行开始。

01 关注习惯的养成，而非关心成绩 ■■□

我们之所以会对孩子作业的完成情况非常关心，大部分原因是作业和考试挂钩，我们试图从孩子的作业中推断孩子的学习情况乃至学习成绩。

但其实，整个小学阶段，比学习成绩更重要的是培养良好的学习习惯，打好学科基础。良好的学习习惯的形成，会像一项既定的规则，自动对孩子的行为进行管理，督促孩子认真听讲、按时主动完成作业等。

我们要改变自己对孩子的关注重点，在看到孩子学习时，暂且忽略内容上的对错，多关注良好的学习习惯是否正在养成。

比如在孩子写作业时，我们不要急着去计算答案的正确率，而要关注孩子是否养成按时写作业的习惯，写作业之前是否复盘了当日所学功课，写作业时是否认真。

当我们关注的重点改变后，自身情绪以及对孩子的态度也会随之改变——我们不过分关注作业内容的对错，孩子就不会被笼罩在我们的否定中，压力随之减小，也就有精力按我们的要求去养成好习惯。在养成好习惯的过程中，再接收到来自我们的积极反馈，孩子也会自信起来。

孩子上课是否认真听讲，其实家长很难判断，除非孩子在课堂上讲话，出现了破坏纪律的行为，否则老师在上课时很难关注到每个学生的课堂表现。

因此，我们更容易通过孩子写作业的状态，去判断孩子是否养成了良好的学习习惯。毕竟大部分孩子是要回家完成作业的。如此一来，我们就可以观察孩子写作业的过程，也能通过孩子写作业的状态来评判孩子是否养成了良好的学习习惯。反过来说，一旦发现孩子写作业拖延，我们就能判断出孩子没有养成良好的

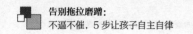

学习习惯，那么这个时候，我们就要介入，对症下药，帮助孩子进行调整。

02 少用"为什么"的句式 ■■□

除了帮助孩子养成良好的学习习惯，在孩子写作业时，我们还要注意尽量少问孩子"为什么"，尤其是当孩子遇到不会做的题并向我们提问时，千万不要只会说："这道题你为什么不会做？"

仔细回想可以发现，人们在问"为什么"时，大多带着一种否定意味，意思是"我不太理解你的做法，我要问你为什么这么做"，比如"你为什么迟到？""你为什么把东西摔了？"这两句话背后的意思就是"你不该迟到""你不该摔东西"。

而回到孩子身上，我们问孩子为什么不会做这道题，潜台词也是"这道题你应该会做"。这就是在暗示孩子："你做错了事情，会被批评惩罚。"

这会导致孩子在写作业遇到不会做的题时，压力过大，久而久之，产生畏难心理，能拖就拖，就怕遇到不会做的题时遭受家长批评。

我们在针对孩子的不足之处和孩子进行交流时，说话前一定先思考，确定没有进行类似"为什么"这种暗含指责意味的表达。比如，我们可以用"就事论事＋简单猜测"的方式："你今天迟到了，是因为昨天背课文耽误了睡眠吗？""你刚才摔了东西，是因为心情不好吗？"

这样的表达，语意会更清晰，孩子不会因此产生不好的联想，我们和孩子之间的沟通效率也会得到显著提升。

03 让孩子在写作业的时候"开心一些"

我们想要改变孩子对学习的态度很难，对孩子来说，"我不喜欢学习"这个状态是比较稳定的。但我们可以想办法让他在每天学习时更开心一些，情绪更高涨一些。

既然孩子之所以拖延着不写作业，是因为觉得作业对他来说有难度，那么我们就可以给孩子制造一个"降维鼓励"，让他开心一下。

假设孩子已经上四年级了，那么可以跟他说："宝贝，妹妹这里有道二年级的难题，你能不能帮她解答一下？"用更简单更容易获得成就感的题目，给孩子一个写作业的理由。

这时我们会发现，只要孩子同意说"我帮你写"，他就不会拖拉磨蹭。

在孩子看来，虽然自己做四年级的题目有困难，但是解决二年级的加减法问题，简直就是轻车熟路。这就像是一个"降维奖励"，孩子会很快找到自信，并且确信"我可以很好地完成任务"。

我们也可以在孩子适应当前难度的前提下，慢慢往上加难度，或者请孩子当弟弟妹妹的老师，给弟弟妹妹讲题，培养孩子的自信，最后争取让孩子成长到能够自如应对现阶段题目的水平。当然，这需要一个很长的过程，我们要慢慢陪着孩子调整改变。毕竟，教育孩子如养花，需要用正确的方法养护，然后静待花开。

孩子成长的过程也是我们成长的过程。当发现孩子出现问题时，我们不必着急，静下心来分析出现问题的原因，再"对症下药"，就能一路披荆斩棘！

第五节
如何解决孩子的偏科不自信问题

孩子只想写他喜欢的作业，不喜欢的作业就扔到一边，写作业的时间不断延后、再延后，不到最后一刻永远不想动手写，最后敷衍了事，久而久之各科目的成绩差异越来越明显。面对这样的情况，我们看在眼里，急在心头。

出现这种情况的原因是什么？很多家长会认为是孩子故意拖延，认为因为他对这个科目不重视，所以不想写作业。

其实这是孩子偏科的迹象，对于自己的优势科目，孩子的自我效能感较高，因此作业完成得很快；对于弱势科目，孩子的自我效能感较低，因此作业能拖则拖。

自我效能感，是指个体对自己在特定领域内能力的信心和判断，即个人认为自己能否完成某项任务的主观信念。

如果一个人的自我效能感低，那就说明他在这个领域里没有自信。孩子偏科，其实就是他对那个科目没有自信。

孩子对某个科目没有自信，认为自己学不好，久而久之，他就有可能会因此而失去对这个科目的兴趣。

01 自我效能感低容易造成的后果 ■■□

1. 直接的后果：躲避失败

因为我觉得在这个领域里我的能力是不足的，所以我认为自己达不到学习要求，比如完成作业。

孩子一旦觉得完成这一科目的作业是一项自己无法完成的任务，那么他肯定就不愿意开始，也就是缺乏开始的动力和意愿，他不想面对失败。

2. 间接的后果：形成固定型思维

固定型思维最典型的特点就是认为自己的能力是固定的，是无法通过自己的行为去改变的。孩子之所以不敢面对自己的弱势科目，是因为认为自己在该科目上永远都不行，无论怎么努力都无法改变现状。

也就是说，拥有固定型思维的孩子非常容易感到挫败，看待事情也是非常消极的。当他遇到困难时，他会将自己所有的失败视为自己能力有限的体现。因为自己能力有限，所以怎么努力都做不好。

而与固定型思维相反的是成长型思维。成长型思维的典型特点是，我认为我的能力是可以随着我的行为发生改变的，是一种非常积极的思维。

比如，我的数学成绩虽然不好，但只要我找对方法，努力学习，成绩肯定会有所提高。即使不能立即提高，至少也会有所进步。

我们都希望帮助孩子提升自我效能感，让孩子拥有成长型思维，培养积极的学习态度，那么如何帮助孩子提升自我效能感呢？

02 在孩子偏科时，帮孩子建立兴趣

很多时候，我们对偏科的理解是有偏差的：只要孩子某一个科目的成绩不够理想，就认为孩子偏科了，尤其是在将几个科目进行对比时。

"我家孩子这次语文又没考好，偏科了！"

"我家孩子除了数学，其他科目的成绩都很好，偏科真的太严重了！"

你看，我们认为的偏科常常是跟学习成绩挂钩的，我们把学习成绩的好坏当成了判断是否偏科的标准。并且，还将偏科归结为态度问题，认为孩子对某一学科不感兴趣、不够重视，才导致这个科目的成绩不好。

而这会让我们走进另一个误区：错误地理解好奇跟兴趣的区别。

好奇，是一个人对自己完全没有接触过或不太了解的陌生东西，产生了想要了解的欲望。比如，孩子没有接触过钢琴，当他看到别人用钢琴弹出优美动听的曲子时，就会产生尝试的欲望。

可以说，好奇其实是孩子的一种念头。

如果他在尝试做某件事的过程中，得到了不好的体验和反馈，比如在学钢琴时，天天练琴非常枯燥，指法不对，弹错音或总是被老师批评等，这些不愉快的感受，让他很快就失去了进一步学习的欲望，自我效能感不断降低。

而兴趣则是在尝试做某件事的过程中，得到好的体验和反馈，让他产生了愉悦感，那么他自然就会对这件事产生浓厚的兴趣，这时自我效能感也在不断提升。

孩子在学习上也有同样的感受。

孩了在学龄前，对所有科目都不了解，他们可能对每个科目都充满了好奇，但在学习的过程中，家长的行为和老师的反馈，可能会让他对某个科目产生了不好的体验。

比如，孩子在做数学题时不小心做错了，被父母批评，或者在上数学课时走神被老师批评了。这种不愉快的体验，让孩子对学习数学产生了抵触的情绪，成绩肯定就提升不上去，久而久之，他对数学就失去了学习兴趣。

但是数学成绩不好，并不代表孩子在数学上没有天赋，缺乏数学方面的能力。有时候，孩子对一个科目的兴趣，也取决于孩子对教学老师的喜欢程度。

比如孩子觉得语文老师说话很温柔，还经常夸他字写得好，那他在上语文课时会表现得特别认真，写作业也很卖力，他期待得到语文老师更多的表扬。

在这种情况下，孩子的语文成绩自然不会差；反之，如果对语文产生了抵触情绪，那成绩肯定也就提升不上去。

比如数学老师在上课时，表情比较严厉，还经常会提醒孩子："乘法口诀背得不够熟练，还要加强。""加减法的运算掌握不够扎实，需要多练习。"

虽然数学老师的提醒是非常客观的，只想督促孩子进步，但年幼的孩子很难理解老师的"苦心"。

我们要不断帮助孩子建立兴趣，提升他的自我效能感，不爱学和偏科的问题就会迎刃而解了。

家长应该明白一个重要事实：孩子对学习没有兴趣，往往是学习成绩不好的结果，而非学习成绩不好的原因。

03 提升自我效能不是补"短板"，而是加长"长板" ■■□

有时候，孩子偏科不见得是坏事，这往往让我们看到了孩子擅长的领域。

美国心理学家加德纳提出了一种关于智能的理论。该理论认为，智能不是单一的，而是由多种不同的智能组成的。

智能的种类包括语言智能、逻辑－数学智能、空间智能、音乐智能、身体－运动智能、人际智能、自我认知智能、自然智能。

每个人在这些智能方面都有不同的天赋和潜力，每个人都可以在自己擅长的领域取得成功。

偏科，作为智能发展不平衡的一种外显形式，揭示了孩子在某些学科领域的优势与劣势。

比如，有些孩子语言智能方面很强，那学习语文对他来说就很简单，但相对来说，他在逻辑－数学智能方面可能会比较弱，稍有难度的数学题，他做起来就比较吃力。同样的道理，如果孩子逻辑－数学智能强，语言智能弱，那他不喜欢的科目可能就是语文。

我们的孩子有优势和劣势，我们应该如何帮助孩子提升自我效能感？

1. 补"短板"，只会伤害孩子的自信心

我们应该都听过木桶理论，就是说一只木桶能装多少水，取决于"最短的"那块木板。也就是一个人的表现取决于他的弱势。

很多时候，我们一旦发现孩子出现了偏科迹象，就会紧盯着孩子的"短板"不放，并想方设法帮助孩子补"短板"，还喜欢拿孩子的"短板"去跟别人的"长板"比较。比如：

"你看人家小强，每次数学考试都考满分，再看看你，每次考试都不及格，从今天开始，每天要多练练数学题。"

"你同学小红，语文总是考全班第一名，作文还经常得奖，你要多向她请教，看人家用的是什么学习方法。"

每次考完试，我们常常只关注孩子的弱势科目得了多少分，

有没有进步，孩子的优势科目总容易被我们忽略。

长此以往，孩子或许不仅偏科的情况没有改善，还产生了挫败感和自卑感，对该科目失去了信心，进而影响其整体的学习和生活态度。

2. 聚焦孩子的"长板"，然后加固、加长

现在有一种新的木桶理论告诉我们，一只木桶能装多少水，取决于"最长的"那块木板。也就是一个人的表现取决于他的优势。

最典型的就是，我们会发现进入社会之后，能够取得的成就一定不是跟我们的"短板"有关的，而是跟我们的"长板"有关。也就是说，我们能否在事业上取得成就，取决于我们某一个特别强的优势，即个人的"长板"。

就像一些体育健将，当他们在赛场上自信地展现风采时，根本不会有人关注他当年在数学考试、语文考试中得了多少分；当那些歌唱家、舞蹈家在舞台上精彩演出时，也没有人会在台下问他们到底会不会洗衣、做饭。

由此可见，当一个人在某方面的优势足够突出时，其优势发出的光芒是完全可以照亮他的前程的。

作为家长，我们应该将目光从孩子的"短板"上移开，聚焦在孩子的"长板"上，然后帮助孩子将他的"长板"加固、加长。

比如，孩子虽然数学成绩很差，但是你发现他从小爱看书，阅读理解能力、表达能力都很好，作文写得也不错，并且语文成

绩一直都名列前茅。这时候，我们就应该及时地鼓励孩子说："你每次写看图说话的题目时，总是能将图中的景象描写得生动有趣，在平时说话时，词语运用得也很恰当，真棒！如果你继续这么努力下去，以后可以当个小作家呢。"

当然了，我们在发现孩子的优势之后，不要只在口头上鼓励孩子，还应该付诸行动，也就是帮助孩子制定具体的学习目标。这个目标，应该分短期目标和长期目标，并引导孩子通过努力，一步步朝着自己的目标靠近。

短期目标：引导孩子每天坚持阅读半小时至一小时，并写读书笔记，将自己的所感所想都写出来，另外再摘抄一些好词好句。同时，鼓励孩子经常写日记、周记等，将自己在生活中的所看、所闻、所思、所想记录下来。

长期目标：为孩子找一个专业的老师，让孩子接受更系统化的学习，并鼓励孩子抓住一切机会去参加各种作文竞赛，还可以尝试着给一些少儿报纸或者杂志投稿。

当孩子通过自己的努力，慢慢地达成自己所制订的目标时，自我效能感自然会不断提升。

比如，孩子的作文屡次得奖，孩子常常得到家长、朋友和老师的肯定和夸赞，以及同学们的敬佩。这些来自身边人的积极反馈，会让孩子变得越来越自信，对自己各项能力的信心也随之倍增。

孩子在树立信心之后，自然就不再害怕失败，他有足够多的勇气去面对学习上的一切困难和挑战，养成良好的学习心态。

每个孩子都是一棵"小树"，家长不要总想着通过精雕细琢去将"小树"打造成自己想要的样子，而是要做尊重"小树"的天性，为其提供充分的土壤、水分和光照，助其肆意生长。

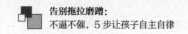
第六节

帮助孩子建立他的优势圆环

不少孩子一提学习就愁眉苦脸，书看不进去，课听不进去，作业完成不好，考试成绩也总是"吊车尾"。

家长也跟着着急，用各种方式督促孩子努力学习，提高成绩。可惜收效甚微，孩子怎么都不开窍。

这个时候，我们就更纠结了，不知道是该继续督促孩子努力学习，还是及时"止损"，并趁早挖掘和发展孩子的其他强项。

其实，不管是强迫孩子努力学习文化课，还是让孩子发挥自己的强项，我们都应该先了解孩子的天赋，了解孩子的优势所在。

01 借助"优势圆环"，帮助孩子更好地定位 ■■□

前文提到，美国心理学家加德纳认为，智能不是单一的，而是由多种不同的智能组成的。而每个人在这些智能方面都有不同的天赋和潜力，也都能在自己擅长的领域上取得成功。

如果我们发现孩子好像很难在学习上取得成功，或者我们不知道孩子在哪些方面占据优势，我们就可以尝试利用优势圆环，挖掘和发展孩子的优势。

优势圆环把孩子的能力进行了分类，包含人际智能、内省智能、语言智能、自然智能、逻辑智能、空间智能、运动智能和音乐智能八个维度。

我们可以对孩子的优势做评价——根据对孩子的认识和了解，在优势圆环的不同维度涂上不同的颜色，表示孩子对该维度的擅长程度。

比如孩子非常擅长逻辑思维，你就可以在逻辑智能那个维度涂满颜色。如果孩子还擅长人际交往和运动，那也可以根据孩子擅长的程度去涂。

需要注意的是，在填充时不要和别人比较。

我在线下带家长做优势圆环测评时，一般都用打分的形式，最高分五分。有的家长给孩子打的最高分没有超过三分，他所有的评分依据都是孩子身边这项能力最强的人的水平。比如他在评判孩子运动智能时，就和体育委员比；评判孩子语言智能时，就和语文课代表或者班长比。

这样一来，家长就没信心了，觉得自己孩子没有天赋。

事实上，我们要调整评价标准，让孩子和自己比较，必须找出优势项，然后根据孩子的优势项，找出对应的可以发展的领域以及职业，设定目标因材施教。

之前有来我这里咨询的家庭，孩子虽然文化课成绩不太好，但运动天赋很不错，跑、跳、投等运动智能都很强，那么在运动智能方面我们可以给孩子打满分。之后我也建议考虑让孩子走体育特长生的路子，着重加强孩子在运动方面的培养。至于文化课的学习，家长可以适当放低对孩子的要求，孩子能达到体育特长生的考核标准就可以。人的精力是有限的，减少文化课的学习时间后，孩子就能花更多时间在擅长的运动上，更有可能取得好的未来发展。

条条大路通罗马，孩子的人生从来不止一种可能。对孩子的教育也从来不是逼迫他们走一条他人认为必走的路。我们需要发掘孩子的潜力，看到孩子的可能性，让孩子走适合自己的个性化道路，成为更好的自己。

02 能力是相对的，培养自信要找好"参照物" ■■□

"优势圆环"需要我们把评价标准放在孩子自身，而不是跟他人做比较。胡乱与他人做比较，容易使我们对孩子的真实能力产生错误的判断，而我们对孩子真实能力的误判也会对孩子的学习起到负面作用。

我们多次提到，孩子会因总被家长否定而认为自己能力不足，做事没有自信。

比如在孩子学习时，我们总爱把他和别人做比较：

"别人 10 分钟能背完的课文，你半小时都背不完。"

"你同学半小时就能把作业写完，你怎么要拖到一个半小时还没结束。"

……

这种负面评价会扼杀孩子对学习的兴趣，孩子甚至可能因此抱着"反正我学不好，那我就不学了"的想法选择逃避。

但事实上，能力是相对的。之前我问我女儿什么动物跳跃能力最强。她先猜兔子、又猜袋鼠。但我告诉她答案是跳蚤，一种很小的寄生性昆虫。

为什么呢？因为跳蚤的跳跃高度可达自己身高的 200 倍。这是一个相对高度，也就是相对于跳蚤自身的身高，而不是绝对高度。毕竟，跳蚤身高大概为 0.5 ~ 3.0 毫米，其跳跃高度却有 10 ~ 30 厘米。我们随便就能跳这么高，但我们绝对跳不到自己身高的 200 倍。

如果你再问孩子，什么动物力量最大？大部分孩子可能会说大象，因为大象的绝对力量比较大。但科学研究表明，力量最大的动物是蚂蚁。蚂蚁能举起比自己重 400 倍的东西。这也是一个相对的重量，参照物是动物自己。

当我们在培养孩子的自信心时，也要找好参照物，用相对的概念去和孩子说明。比如，让孩子背课文，孩子们的平均水平是一小时左右背一篇课文，记忆力特别好的孩子可以 10 分钟背一篇课文。如果孩子的记忆力并非出类拔萃，我们就不要逼着孩子和记忆力特别好的孩子比。这样只会增加孩子的压力。

我们只需要告诉孩子："我听说大部分孩子背课文要用一小时

左右，而你只用了半个多小时，你真棒！"

而如果孩子的水平低于班级平均水平，甚至成绩很差，我们也要找到孩子的相对优势科目，并鼓励孩子在这个科目上继续努力，争取取得好成绩。

这样一来，孩子被肯定，得到了积极的反馈，也会逐渐找回自信，重拾对学习的兴趣，进而取得好成绩。

找到孩子的优势所在，对孩子来说，是培养自信心的重要一环，他们可以在自己的优势领域里逐渐改正拖拉磨蹭的不良习惯，慢慢成长为一个自信的人。而作为父母的我们也可以在这个过程中，学会正确全面地评价孩子，努力成为最了解孩子内心的父母。

CHAPTER

4

—

第四章

管理情绪

拖拉不是因为懒，也可能是因为"情绪回避"

情绪回避是认知行为疗法 (CBT) 中的一个概念，是指为了回避强烈情绪或防止情绪变得过于强烈时，人们可能采用的任何策略。

如果孩子不喜欢上学、厌恶写作业，或者一想到要上学或写作业就闷闷不乐，但他又不敢说出来，那么他就只能通过不断拖延来回避这种厌恶情绪。哪怕他明明知道最后还是要面对，但拖延至少可以缓解当下的情绪。

孩子拖拉磨蹭的背后，很可能是复杂的情绪，是对某件事的"情绪回避"。

然而，在教导孩子管理情绪时，我们往往会走入一种误区，那就是只允许孩子将积极的情绪表达出来，对于消极的情绪则要想办法压制，我们常常认为消极的情绪是不好的。

事实上，虽然情绪分为积极情绪和消极情绪，但它并不存在所谓的好与坏。

比如恐惧，它在很多时候是可以让我们回避危险的。人在恐惧时就会出现逃跑反应，也就是当危险来临时，恐惧会让我们变得特别警惕，从而快速地避开危险。

这个时候，情绪就是一种自我保护的体现，孩子的情绪也是如此。

我们压制孩子的消极情绪，不但起不到积极的作用，还会让孩子产生"情绪回避"的心理。

那么孩子总是拖拉磨蹭不想上学怎么办？他们还经常用哭闹和发脾气的方式来逃避上学，这些是孩子要面对的问题，也是家长要面对的问题。

在这个过程中，我们应尽量避免情绪化地处理问题，要合理地调节自己的情绪，同时帮助孩子调节情绪。怎么样才能更好地进行情绪管理，更好地改善孩子拖拉磨蹭的行为习惯呢？我们将在本章中对这些问题进行详细讲述。快和孩子一起学习情绪管理这个人生课题吧！

为什么不要情绪化地破坏规则

让不让孩子玩手机，这是一个很让父母头疼的问题。现在的孩子严重依赖电子产品，经常被手机和平板电脑吸引，甚至沉迷游戏难以自拔。

为了让孩子远离电子产品，减少使用时间，我们使用了无数方法，把手机和平板电脑藏起来，改掉密码，这些都是常规操作；更严格的父母，会把孩子使用电子产品的时间固定下来，一到时间就关掉无线网，让孩子必须停止使用电子产品。

乍一听，这个方法还不错，既满足了孩子的需求，又能严格把控时间。但实际执行起来，新的问题又出现了：规则的设定者往往会成为规则的改变者，有时候我们一时兴起就随意更改使用时间，原本说好让孩子玩30分钟手机，最后却纵容孩子玩了40分钟甚至更久。

我们不以为然，以为只是小小的破例，结果第二天，尝到甜头的孩子就会缠着我们，又哭又闹，要求多玩一会儿，只要我们松口同意了，那么以后孩子只要拿到手机，就想多玩一会儿。

之所以发生这样的事情，是因为我们既设定了规则，又破坏了规则。我们会破坏规则的原因，往往与我们的情绪有关。

01 规则的改变是有前提条件的 ■ ■ □

情绪化改变规则是很多家庭中都会发生的，简单来说，孩子使用电子产品的时间长短，完全取决于我们当天的情绪。

如果我们人逢喜事精神爽，那孩子就可能被默许多玩一会儿手机。到了规定时间，按理说我们该收回手机了，却没有收回。我们心里想的是，今天心情好，索性让孩子多玩一会儿吧，就多玩 10 分钟，不会影响学习。

反之，当我们工作不顺利，孩子在校表现不好，考试也没考好时，我们就充满了负面情绪。这时，我们对孩子的管理就会变得严苛，甚至不按定好的规则执行，说好让孩子玩半小时的手机，却在看到孩子玩手机时就已经火冒三丈，根本不管孩子实际上玩了多久，统统按"一直在玩手机"处理。

孩子可能刚刚开始玩手机，我们却觉得孩子一直在玩手机。

当我们因情绪而对孩子的评价不客观时，孩子必定是错愕的：我明明没有做错事，爸爸妈妈为什么对我生气？

在这样的环境中成长的孩子，对规则本身是不认可的。他会去揣摩我们的情绪，看我们的脸色来提要求。随着孩子逐渐长大，他们会越发不在乎我们的情绪，也会无惧我们的负面情绪，家长要打就打、要骂就骂，反正他们都不怕。

在这种情况下，孩子的规则感普遍淡漠，缺乏规则意识，尤其在青春期后，孩子跟父母的冲突会不断加剧，这时，我们会发现再也管不住自己的孩子了。

因此，家长应该坚持一个原则，那就是规则一旦制定，除了特殊情况，轻易不要改变。当我们有情绪时，我们要注意，不能用情绪取代规则来管教孩子。

那规则是不是就一定不能被改变呢？并不是。

在什么情况下我们可以改变规则呢？

简单来说，在特殊的客观因素导致变化和突发事件发生时，规则是可以被改变的。它不同于那些常态现象或完全受控于主观情绪的事情。

比如，我们规定了孩子周末不能玩电子产品，要去户外活动，但是周末下雨了，无法去户外活动，孩子只能在室内活动，这时，我们就可以调整规则，让孩子在规定的时间内使用电子产品。

同时，我们要明确告诉孩子，这次破例是下雨的客观原因导致的，不是父母一时兴起，不代表以后每个周末都是这样的，今后还是要遵守原来定好的规则。

假如我们心情特别好，其实也可以改变原来的规则，同意孩子多玩一会儿手机，但要明确告诉孩子，这是特殊情况，仅此一次。

还有一种情况，就是规则的调整。比如，我们给孩子设定了30分钟玩手机的时间，有些孩子喜欢打游戏，可能一局游戏还没打完，玩手机的时间就到了，这时孩子是不愿意交出手机的，他就想打完这一局游戏。如果我们拿规则来要求孩子，强硬地收走手机，势必会激发孩子的不满和反抗情绪，这并不利于后续规则的执行，也不利于亲子关系的和谐。

再加上孩子年纪小，还不具备精准控制时间的能力，在这种情况下，我们就要重新调整规则，把具体时间换成一局或两局游戏。这更加符合孩子的实际需求，执行起来效果也会更好。

我们来总结一下，在某些特殊的客观原因的影响下，规则是可以被改变的，但我们要明确告诉孩子这是特殊情况、特殊对待，今后还是会执行既定规则的。

02 用规则管教孩子：明确规则，不带情绪

比起不可捉摸的善变情绪，规则显然可靠得多。

明白了这个道理，想管教孩子，我们就要做好以下两件事。

第一件事，制定明确的规则。

在孩子小时候，我们就要给孩子制定明确的规则。小到吃饭穿衣，大到读书学习，我们要帮孩子梳理好哪些事该做，哪些事不该做，包括如何使用电子产品，要遵守哪些规则。比如，每天在完成作业后，有 30 分钟时间可以用手机和平板电脑，时间到了就要把手机或平板电脑交回给父母。只有制定了明确的规则，孩子才明白该怎么做。

有句老话说得好，没有规矩，不成方圆。想要孩子健康成长，

少不了规则的约束和管理。

我们制定规则，就是为了让孩子明白，他们不能随心所欲、任性妄为，而是要按规则来，规则怎么要求，家长和孩子就怎么照做。

第二件事，我们要学会管理情绪，管教孩子时不带情绪。

管教孩子靠的是规则和规矩，而不是情绪。

我们在教育孩子时，要做到不带情绪，就事论事。只要给孩子定好了规矩，在没有特殊情况的前提下，我们和孩子就要严格按规矩办事。

我们要避免受自己的主观情绪影响而随意更改规则，不能在情绪好时，对孩子无底线包容和溺爱，在情绪不好时，又对孩子百般苛责。

但是人都有七情六欲，有情绪是很正常的事情。如果家长在情绪的驱动下，不小心打破了规则，家长可以坦诚地告诉孩子："孩子，今天让你多玩 10 分钟手机，是因为爸爸遇到开心的事情了，也想让你感受一下我的好心情，所以破例给你延长了手机使用时间。不过，这不代表以前的规则就不作数了，过了今天我们还是要按照原来的规矩来。"

父母应该明确告诉孩子，破坏规则是特殊情况，不是常态，这样孩子才能继续遵守原来的规则。

情绪化对于管教孩子没有任何帮助，反而会误导孩子漠视规则，让孩子在潜移默化中模仿我们的言行，变得情绪化。

父母是孩子的第一任老师，也是孩子的引路人，我们的情绪对孩子的身心健康有着不可小觑的影响力。

对父母而言，管理好自己的情绪，就是给孩子最好的教育。

情绪稳定的父母，才能最大程度地给孩子提供安全感，培养孩子的情绪管理能力，促进孩子心理的健康发展。

当然了，情绪管理绝非易事，它有很多方法和技巧，而学会这些方法和技巧，管理好自己的情绪，是父母的必修课。

如何帮助孩子处理厌学情绪

作为父母，有时候我们也会遇到这样的困扰：明明孩子的成绩很优秀，平时作业也完成得很好，也没听孩子说过跟老师或者同学闹矛盾了，可是每天晚上孩子只要想起第二天要上学，情绪就会很低落，甚至还表达过不想去上学，以至于每天起床我们都要催半天，去上学的路上，孩子整个人也是无精打采的。

很多时候，我们都认为，只有学习成绩不理想或者在学校发生了不愉快的事情，孩子才可能不想上学。可为什么学习成绩很好，和老师同学相处很愉快的孩子，也出现了不想上学的念头呢？

难道是学习任务太重了，孩子想逃避？或者是班上的学习氛围不好，影响了他学习的心性？还是其他什么原因？

有这样一个原因，也许被我们忽略了，那就是：评价系统出了问题。

01 家长错误的评价系统，是孩子厌学的"罪魁祸首"

家长的评价系统，是指家长对孩子在学习、生活等方面的表现进行评价的标准和方法。这种评价系统通常包括学习成绩、行为表现、兴趣爱好等方面。我们都希望通过这种评价系统来激励孩子努力学习，培养良好的品德和习惯。

然而，这种评价系统，多数出自家长个人的主观认识，往往会存在一些问题。

（1）**过于关注学习，忽视孩子兴趣爱好的需求**。我们有时会将孩子的学习成绩，作为评价孩子是否优秀的唯一标准，凡是与学习无关的其他活动，都不允许孩子参加，在我们看来，做那些于学习无益的事情都是在浪费时间。

比如，孩子很喜欢骑单车，希望每个周末能用半天时间跟同学一起去骑单车，但家长却觉得孩子的成绩还不够优秀，应该利用这个时间去学习，毕竟考试又不考骑行技术。

当孩子的世界只剩下学习时，孩子在学习过程中所承受的压力就会无处释放。久而久之，这种压力就使得孩子对学习产生厌恶情绪。

（2）**缺乏个性化评价**。每个孩子都有自己的特点和优势，但家长的评价系统往往忽略了这一点。他们试图将孩子塑造成自己心目中的完美形象，而不是尊重孩子的个性发展。

我在做咨询时，发现家长们都有一个共同的习惯，那就是喜欢拿自家孩子的缺点和别人家孩子的优点做比较。他们总希望孩子能看到自己身上的不足，从而更加努力地改正缺点，最终成为一个"完美"的孩子。

殊不知，这会让孩子有一种很强的无力感，也就是我们常说的"习得性无助"，慢慢地，孩子一定会觉得自己是有问题的，进而失去了进步的动力。

（3）**过分强调竞争**。在家长的评价系统中，孩子往往被要求与其他孩子竞争，以获得更好的成绩和荣誉。在对待孩子的成绩上，家长永远觉得孩子不够优秀，并希望孩子能够不断地超越别人。

比如，自家孩子考试成绩在全班排第一名，已经很厉害了，但当我们看到邻居家孩子考了年级第一名时，就会跟孩子说："隔壁的小明，这次期末考试的成绩排在年级第一名，你只是全班第一名，跟人家比还是有差距的，下次要努力，争取也拿年级第一名。"

可当孩子真的考了年级第一名时，我们可能又会觉得，你能不能考个全区第一名、全市第一名……总之，竞争是永无止境的，标准也永远是更高的。

最开始孩子还是会努力地不断满足家长对自己的期待，但慢慢地当他发现自己根本满足不了时，也就不想努力了。

当孩子出现厌学情绪时，我们该怎么去帮助孩子呢？

02 合理的期望值，是帮助孩子解决厌学情绪的关键 ■■□

期望值，是我们对孩子未来表现的预期。这种预期会以直接或间接的方式影响孩子，形成一种自我实现的预言。

如果家长的期望值过高，超出了孩子的实际能力，孩子可能会感到巨大的压力和焦虑，担心自己达不到家长的要求，从而丧失学习动力，也就是厌学。相反，如果期望值过低，孩子可能会认为家长对他们没有信心，进而怀疑自己的潜力，这同样会影响孩子的学习动力。

那么，我们该如何设定合理的期望值呢？

首先，我们要对孩子的能力有一个准确的评估。我们不仅要关注孩子的分数，还要了解孩子在学习过程中的表现以及遇到的困难。

比如，孩子的数学成绩原本只有80分，但通过自己的努力，找到了好的学习方法，分数提升到了90分。而到了90分之后，不管他再怎么努力，数学成绩都只在90分左右摇摆，始终没办法超过95分。

这时，我们作为家长就应该清楚，孩子的数学成绩没办法超过95分，跟他的学习方法没有关系，跟他的习惯和努力程度也没有关系，而是跟个人能力有关系。孩子已经尽力了。

当我们了解到这些情况时，自然就不会再盲目地要求孩子一定要考满分，或者是考全班第一名了。

其次，期望值的设定也要有弹性。期望值在设定之后，并不是一成不变的，而是可以根据孩子的成长和变化进行调整的。学习本身就是一个动态过程，孩子的能力也是在不断地发展变化的。

比如，我们可以定期与孩子沟通，了解他的学习状态和心理感受，根据这些信息适时调整期望值。

打个比方，原本你给孩子定的目标是每天背 10 个英语单词，孩子连续半个月都能很好地完成这个目标，这时你就可以跟孩子沟通，了解一下每天背 10 个单词对他来说是不是很轻松的，然后再跟他商量，以后是不是可以适量地多背一些单词。

相反地，如果在这个过程中，你发现背 10 个单词对孩子来说太难了，在跟孩子商量之后，就相应地少背一些单词。

这样的弹性调整，不仅能保证期望值的合理性，还能让孩子感受到家长的关注、支持和理解，从而进一步增强他的学习动力。

最后，引导孩子学会自我评估，然后自己设定目标。 家长的期望不应该成为孩子学习的唯一动力，我们在设定期望值时，应该让孩子也参与进来，并引导孩子通过自己平时的学习表现以及家长和老师的反馈，做一个自我评估，然后为自己设定合理的目标。

比如，你准备给孩子设定每天背英语单词的数量，那么在设定之前，先引导孩子对自己的能力进行自我评估，这些评估包括孩子平时的接受能力、英语水平、英语老师对他的评价以及他每天可以利用的时间等。做完这些评估之后，再设定一个目标。

孩子在第一次设定目标时，可能把握不好目标的合理性，这时，家长就应该多鼓励孩子，引导他先尝试，再根据实际情况慢慢地调整目标。

引导孩子学会自我评估，既有助于孩子形成自主学习的习惯，还能给予孩子足够的空间去探索和尝试，让他学会自我驱动，这样孩子才能真正找到学习的动力。

03　接纳孩子的情绪，才能更好地管理他的行为　■■□□

作为家长，我们总希望孩子能够表现出良好的行为。当孩子的行为出现偏差时，我们总想着赶紧去改正。可事实是，家长苦口婆心地说了一大堆道理，孩子根本就听不进去，更别提改正行为了。

为什么会这样？因为我们忽略了孩子的情绪，没有关心孩子内心的感受，只是简单粗暴地要求孩子改正错误，孩子因此出现了逆反心理。

比如，孩子说他不想去上学了，我们的第一个念头可能是："上个学能有多累啊！小小年纪就不想上学，那以后怎么办？没有知识、没有文化、没有学历，将来会被社会淘汰的。"于是，我们对着孩子就是一顿说教，根本没有想过，要先去了解一下孩子为什么不想上学，他是不是遇到了什么困难。

正确的做法应该是，我们先接纳孩子的情绪，也就是尊重他的感受，然后再去管理他的行为。

孩子在感受到被理解和被尊重时，才愿意配合家长改正自己的行为。

当孩子说他不想去上学时，我们可以先放下手头的事情，跟孩子一起坐下来，引导孩子说出内心的真实感受，讲述是什么原因导致他不想上学了。

如果孩子说："初中的课程太多、太难了，我担心自己期末考不到全班第一名，而且作业还总是做不完，我每天回家一点儿玩的时间都没有了。"

从孩子的话语中，我们可以得知几个信息：第一，刚上初中，课程和课程的难度都增加了不少，孩子的学习压力变大；第二，孩子担心自己的学习成绩达不到父母的期望值；第三，孩子失去了可以自由支配的时间。

我们在知道孩子的困扰之后，先不要急着跟孩子说大道理，而要先理解并尊重他的感受。

我们可以跟孩子说："你有这种感受是很正常的，我在刚上初中时，也有这样的感受，毕竟初中比小学增加了一倍的课程。这么多门课程，每个老师布置一点儿作业，加起来就很多了。没事的，我们慢慢来，期末考试时你尽自己最大的努力就行，不一定非要考到全班第一名。"

当孩子得到了我们的理解和开导，他心里的阴霾自然就会散去，这时候，我们再去引导他改正行为，就容易多了。

不过，我们还要注意，接纳孩子的情绪并不意味着放纵他们的行为。

比如孩子不想上学这件事，我们接纳孩子的情绪，是为了让孩子感受到我们的理解和尊重，而不是孩子不愿意上学，那就顺着他，不愿意上学那就不上了，这就是放纵了。

我们要做的是，让孩子明白我们每个人都是社会的一分子，每个人都有着自己的责任与权利。对一个学生来说，他当下的首要责任就是学习知识，也就是去上学，在学校里接受系统化的教育。至于其他方面的需求，比如玩游戏、发展兴趣爱好等，也可以有，但这是在完成学习任务之后才能满足的。

而他的权利则是，在学习过程中，父母可以给予他诸多支持。比如满足他生活方面的各种需求，为他提供更好的学习环境，帮他克服学习上的困难等。

父母还要告诉孩子，责任与权利的排序，应该是责任在先，权利在后，只有当你尽到了自己的责任时，才有资格享受自己的权利。

父母让孩子明白，作为学生的他，不去上学是行不通的，至于他在学习上遇到的种种困难，父母都可以帮着他一起去克服。

其实，只有我们接纳了孩子的情绪，让他感受到被关心和被支持时，再去跟他讲道理，他才听得进去，才愿意改正自己的行为。

我们重视对孩子的教育，总是希望孩子能够在学业上取得优异的成绩，为将来的发展奠定坚实的基础。这个初衷确实是好的，可是如果我们只是一味盲目地追求孩子学业上的成功，对他寄予厚望，却忽视了他在其他方面的需求，导致孩子出现了巨大的心理压力并失去了学习的动力，那么这样的结果无疑与我们的初衷背道而驰了。

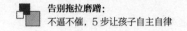
第三节

父母如何进行有效的情绪管理

有时，我们可能会觉得，孩子的学习好像变成了我们的事，我们天天监督，天天催促，情绪经常在崩溃的边缘游走。可孩子呢，每天一放学，就常常把学习抛在脑后，一心只想着玩。不到睡前的最后一刻，学习和作业根本就不会出现在大多数孩子的脑海里。

每次我们都被气得火冒三丈，忍不住训斥孩子："你为什么这么晚了还没写完作业？""你的作业写了吗？做完预习了吗？课本都整理了吗？一晚上的时间你都干什么去了？"更可气的是，孩子不但不承认错误，甚至还可能跟我们犟嘴。

我们听了就更生气了，直接吼道："说你什么都要顶嘴，挺有本事的是吧？考试的时候怎么就没本事了，你看看这次考试都考成什么样了，还天天想着玩！"

孩子听了还特别委屈："你就知道说我，我已经在写了，你还想怎么样？"

吵到最后，总以孩子委屈的哭声收场，而且这一幕几乎每天都在上演。

为什么我们总是因为同样一件事情生气？以孩子做作业为

例，为什么无论我们怎么发火，孩子还是屡教不改呢？

我们只是让孩子知道我们生气了，但是我们并没有让他知道我们生气的目的。我们生气的真正目的是让孩子改变他总是到睡前最后一刻才写作业的行为。可是我们没有调节好自己的情绪，孩子感受到只有我们的愤怒，却不知道愤怒背后的原因。

那我们该如何调节自己的情绪呢？

01　抹杀情绪是情绪管理中的大忌

在育儿的过程中，很多父母都意识到了情绪管理的重要性，如果父母能维持稳定、平和的情绪状态，不仅能为孩子提供一个安全、和谐的成长环境，还可以成为孩子学习情绪调节的良好榜样。

然而，在实际生活中，由于种种原因，父母可能会采取一些错误的情绪调节方式，其中最常见的便是"抹杀情绪"，也就是压制自己的情绪，不让其表现出来。

比如，孩子放学回来一直在玩，快到睡觉时间了才开始写作业，我们明明已经气得七窍生烟，但为了在孩子面前保持稳定的情绪，就一直强忍着不发火。

这样做看似暂时避免了"鸡飞狗跳"的场面出现，可长此以往，这种做法可能会导致一系列的问题。

（1）**情绪积累与爆发**。情绪虽然暂时被压制了，但并不代表它不存在。情绪被长时间地压制只会导致情绪逐渐积累，最终可能在某个临界点爆发。

这个导火索可能是孩子考试没考好，又或者是孩子在课堂上表现不好被老师投诉了。

这时，愤怒、焦虑、抑郁等负面情绪就会集中爆发，我们会对孩子大发雷霆，甚至动手打骂孩子。对孩子来说，这是一种更深的伤害。

（2）**影响亲子关系**。我们压制情绪，往往意味着在孩子面前隐藏自己的真实感受。这会让孩子觉得家长难以捉摸，无法了解我们的真实想法。

比如，当孩子因没交作业而被老师批评时，他本以为我们会生气地骂他一顿，结果却无事发生；而当孩子觉得自己只不过是不小心打碎了一个碗时，却莫名地被我们大骂一顿。

长此以往，孩子可能会失去安全感，对我们也产生了畏惧或者失去信任，进而影响亲子关系的建立和维护。

（3）**阻碍情绪管理**。家长是孩子的第一任老师，也是孩子学习情绪管理的重要榜样。如果我们总是压制自己的情绪，孩子就无法从我们身上学到如何正确地表达和管理情绪。这可能导致孩子在成长过程中缺乏情绪管理能力，难以应对生活中的挑战。

（4）**损害身心健康**。长期压制情绪也会对我们的身心健康产生负面影响。一些医学常识告诉我们，情绪压抑与心血管疾病、免疫系统功能下降等多种健康问题有关。此外，情绪压抑还可能导致心理问题。

那情绪随意发泄不行，压制也不行，到底该怎么做才是正确的呢？

俗话说事出必有因，当我们要解决一件事情时，一定要先弄清楚它发生的原因。调节情绪也不例外，我们要先搞清楚，我们为什么会生气。

02 调节情绪，应该先掌握情绪管理中的"三重奏" ■■□□

我们常说的情绪管理，实际上分为三个部分，分别是情绪识别、情绪认知、情绪表达。

1. 情绪识别

情绪识别，就是我们能够很好地了解自己当下处于一种什么样的情绪反应中。

那么，要讲清楚人的每种情绪反应，我们就要先认识人的五种基本情绪：喜、怒、哀、惧、厌恶。这些是最常见的，也是最容易识别出来的情绪。

比如，当我们感到快乐时，会出现心情愉悦，整个人很放松，会不自觉地想笑等反应；当我们感到愤怒时，身体会出现胸闷、呼吸急促、肌肉紧张等一系列反应……

每当我们出现这些特定的反应时，我们就能识别出来，自己此时正处于一种怎样的情绪状态中。关于情绪的识别，我们在前

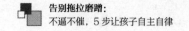

面的内容中曾做过详细的解答，这里不再赘述。

2. 情绪认知

情绪认知，就是我们能够知道自己为什么会产生这样一种情绪。比如，我们在看到孩子玩手机时，为什么会感到愤怒？因为我们担心他玩手机会耽误学习，而学习不好就会影响孩子的未来；我们在看到孩子写作业总是拖拖拉拉时，为什么会很生气？因为我们担心他不能按时完成作业，跟不上老师的教学进度，影响学习成绩；我们在看到孩子总是做错简单的题目时，为什么会火冒三丈？因为我们担心他写作业总是马马虎虎，在考试时肯定会错误百出。

3. 情绪表达

情绪表达，就是我们应该通过什么方式把情绪表达出来？比如，当我们因孩子很晚才开始写作业而感到愤怒时，我们不应该压制自己的情绪，应该让孩子知道，我们对他的行为很不满意，我们很生气。而我们生气的原因，是担心他不好好写作业会影响学习成绩；当我们看到孩子每次写作业，字迹都很潦草时，我们不应该强忍着不满，而应该让孩子明白，他不认真地写字，我们很生气，我们担心他无法养成良好的学习习惯；当我们知道孩子总是不按时交作业时，我们不应该强忍着怒火，而是应该让他知道，我们非常生气，我们为他的学习态度感到担忧，害怕他的成绩会因此下降。

掌握情绪管理中的"三重奏"，其实就是为了让我们知道，先清楚地识别出自己的每种情绪，再去了解它们是怎么产生的，然后学会怎么将情绪表达出来。只有做好了前面这三步，我们才能懂得应该如何调节自己的情绪。

03 ABC 理论，能帮助我们更好地调节情绪

情绪管理中的"三重奏"——情绪识别、情绪认知、情绪表达，其实都在为我们能更好地调节情绪做铺垫。

完成"三重奏"让我们确定了自己现在的情绪是愤怒的，调节情绪就是要我们想办法消除自己的愤怒。

现在我要讲的是一个可以帮助我们更好地调节情绪的方法——ABC 理论。

在 ABC 理论中，A 是指诱发的事件；B 是指我们对这一事件的看法、解读和评价；C 是指在特定情况下，人体的情绪及行为的结果。

比如，我们看到孩子没写作业，感到特别生气。那么 A 是孩子没写作业，C 是我们特别生气，而中间的 B 就是我们对孩子没写作业这件事的解读。

这件事从表面看来，影响我们情绪的好像是 A，实则不然，真正让我们生气的并不是孩子没写作业这个行为，而是我们对这

个行为的解读，也就是我们觉得孩子没写作业会导致晚上写不完作业，或者完成作业的时间太晚了，耽误睡眠，而睡眠不足又会影响孩子的健康……真正让我们生气的，是这一系列的解读。

又比如，你发现孩子用脏话骂人了，你很愤怒，而你愤怒的原因并不仅仅是孩子说的一句脏话，而是通过这句脏话你预想到他将来可能出现的各种问题。比如，他可能会学坏，会跟人打架，甚至做违法犯罪的事情。你越想越焦虑，越想越愤怒。

由此可见，我们的愤怒其实源于一些还没有发生的事情，可以说在孩子成长的过程中，家长大部分的焦虑和愤怒都来自还没有发生的事情。

ABC 理论的核心是在不改变 A 的情况下，通过改变自己对孩子行为的解读（即改变 B）来调节自己的情绪（即 C）。

我们要消除自己的愤怒，并不一定要让孩子马上改变他的行为，而是要改变自己对孩子出现这个行为的解读。

但是，我们需要注意的是，ABC 理论并不是万能的。

细细看来，你会发现前面的两个例子，都有一个共同点，那就是我们的情绪都由自己的预想而生，源于一些还没有发生的事情。也就是说，这些情绪其实并不合理。

这些不合理的情绪，用 ABC 理论可以很好地去调节。那合理的情绪该怎么调节呢？

比如，你规定孩子一定要在晚上九点完成作业，可他到了晚上九点还没写完，你肯定很生气，因为他违反了规则。可以说，这个愤怒情绪是合理的。

当愤怒情绪是合理的时，我们又该如何去调节呢？

其实很简单，就是告诉孩子我们为什么会生气，让他知道，我们之所以生气，是因为他的行为违反了规则。如果他不想让我们生气，那就不要违反规则。

ABC 理论的关键在于引导我们去思考，我们产生的情绪是否合理。如果是不合理的，那就用 ABC 理论进行调节；如果是合理的，那我们就要通过将情绪表达出来的方式进行调节。

04 利用"角色轮盘"，学会换位思考

ABC 理论能够引导我们去思考情绪是否合理，进而思考是否需要进行调节。与此同时，我们也可以利用"角色轮盘"，更直接地了解对方当下的情绪和感受，逐步做到换位思考，以便更好地进行自我调节。

"角色轮盘"可以被当作一个情绪管理的工具。当我们和孩子发生冲突，比如孩子磨磨蹭蹭就是不肯写作业时，我们的情绪一般都会表现得更焦急、烦躁，当下的情绪很容易让我们失去理智，最后"两败俱伤"。这时，我们确实很难做到角色转换，因此"角色轮盘"更适合在日常生活中练习和使用，并被用于帮助我们了解和学会尊重对方的情绪反应。

"角色轮盘"需要三个角色同时参与：父母（可以是父母中的

一人）、孩子和旁观者，父母和孩子首先需要对发生冲突的场景进行描述，并且以自己本来的身份对这个场景进行感受或情绪的表达，然后互换身份，再次表达自己对于对方的感受和情绪的预测。在这个过程中，旁观者全程记录双方的主要对话，最后三人一起进行复盘和总结。

比如针对"孩子晚上九点才开始写作业"这个冲突场景。

父母预测孩子可能说："我不想写作业，我只想玩，我还没玩够呢！"

孩子预测父母可能说："都几点了你才开始写作业！每天都要人催，学习是你自己的事，能不能自觉一点儿！"

父母自己会说："作业可以写得慢一点儿，但不能不写，更不能占用睡觉的时间写。"

孩子自己会说："作业好多、好难啊，我怕我不会写，我怕我写不完。"

父母以孩子的身份对话（身份互换）："今天的作业真的好多，不知道从哪里写起，要是爸爸妈妈可以帮我安排一下时间就好了。"

孩子以父母的身份对话（身份互换）："无论怎么样都要保证足够的睡眠时间，睡眠不足，明天就不愿意起床，上学就更没有精神了。"

旁观者记录下主要对话后，就可以进行复盘和总结了。

①　孩子遇到了问题，需要父母的帮助，但是没有及时沟通；

②　父母发脾气的原因是联想到了坏的结果：睡眠不足，上学没精神，但是没有关注孩子当下的想法和情绪……

在这个过程中，我们会发现，原来对方的想法可能并不是我们所想的那样，当然，换位思考并不代表着顺从，不是知道孩子累或者有畏难情绪就允许孩子不写作业。换位思考的最大目的在于理解和接纳，理解孩子的对抗性反应，接纳孩子的负面情绪。

只有这样，我们才能从理解和接纳中，更好地对自己的情绪进行调节。

在育儿过程中，我们的情绪管理对于孩子的成长至关重要。我们只有懂得如何识别情绪、调节情绪才能更合理地做好情绪管理。懂得管理好自己情绪的父母，不仅可以更好地支持孩子的学习，还可以为自己和孩子创造一个更加和谐、积极的家庭环境。

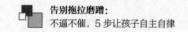
第四节

教会孩子正确"发脾气"

孩子从小都比较听话，平时无论是在生活上还是学习上，也很愿意配合父母的要求。可是不知道从什么时候开始，孩子突然变得很爱发脾气，常常一言不合就对父母大吼大叫，甚至还会摔打东西，父母说他两句，他要么把自己关在房间里，要么直接夺门而去，根本不给父母沟通的机会。

原本的"乖孩子"为何现在变得如此暴躁，还难以沟通？

这是什么原因造成的呢？家长又该如何帮助孩子调节情绪？

其实，对成长中的孩子，特别是处于青春期的孩子来说，出现这样的情绪变化是很正常的。

因为孩子的身体正在快速地生长发育，而大脑中的"理智脑"却还没有发育成熟，所以孩子不懂得怎么控制自己的情绪。

我们需要明确知道，孩子这样的情绪变化是正常的，孩子并不是突然就变得不听话或者叛逆了。同时，我们还需要弄清楚孩子产生情绪的原因，才能更好地帮助孩子调节情绪。

01 情绪的产生和"三层大脑"的进化过程有关 ■■□□

我们都知道控制情绪的重要性，但很多时候，当情绪产生时，我们根本控制不住。

为什么呢？这跟我们大脑的结构有关。

我们的大脑看起来是一个整体，实际上它并不是一体的，而是像洋葱那样一层一层的。大脑的进化过程分为三个阶段。

第一个阶段，本能脑。

本能脑是人类大脑中最古老的部分，与爬行动物的大脑结构相似，因此本能脑也叫爬行脑。因为爬行动物的一切行动都只出自本能反应。

比如蜥蜴，你拿东西去逗它，它会出现攻击行为或者逃跑。但它并不会像我们人类一样因感到害怕而逃跑，这只是它的一种本能反应。也就是说，本能脑是不会产生情绪的。

第二个阶段，情绪脑。

情绪脑，也叫哺乳动物脑，所有哺乳动物，都有感受和情绪，也有母性的意识，因此才懂得照顾自己的后代。像小猫、小狗等，它们都有会有一些情绪的表达，也会养育自己的孩子。

有时候，我们觉得自己在跟孩子面对面交流时容易起冲突，就想着通过写信的方式跟孩子交流。其实，在一般情况下，这种做法是不可取的，孩子很难从文字中觉察到我们的情绪，而在与孩子面对面交流时，我们说话的语气、表情都能够很好地表达自己的情绪。

比如你跟孩子说"快回家"三个字，你生气地说出来，跟温柔地说出来相比，所表达出来的情绪是完全不一样的，而孩子从你的语气中，也能够很好地判断出你此刻的心情，这样有助于你们更好地交流。

情绪的传递，本身就可以更好地促进人和人之间的社交。我们在跟孩子交流时，尽量让自己的情绪表达出来，这样孩子也能学会如何表达情绪，以便更好地与他人交流。

第三个阶段，理智脑。

理智脑主要负责人类的思维和决策，它包括了大脑皮层和额叶等高级部分。额叶可以帮助人类更加理性地思考和决策，从而更好地适应复杂的社会和环境。

理智脑虽然是最高级的大脑结构，但它对身体的控制权却比不了本能脑和情绪脑。

为什么会这样呢？

因为从生理结构上来分析，我们大脑中的神经元，是可以让我们的身体快速行动的，而本能脑和情绪脑拥有 80% 的大脑神经元。这样我们才能够以最快的速度对外界刺激做出反应。一旦出现紧急情况，最先获得供血和氧气的是本能脑和情绪脑。

因此，理智脑会处于缺氧状态，当突然出现了一个很危险的刺激时，我们的大脑会是一片空白的。

这也是处于青春期的孩子容易发脾气，却又不懂得控制自己情绪的原因。

孩子的情绪脑已经发育成熟了，但是他的额叶还没有发育完全。

我们应该明白，孩子脾气暴躁，不是他故意对抗父母，而是生长发育过程中的一个特殊阶段的体现。

当我们清楚了孩子情绪产生的原因，就应该多去理解孩子的情绪。

02 理解孩子的情绪，是帮助孩子调节情绪的前提

在孩子成长的过程中，他产生的情绪其实也是一种信号，告诉我们他内心的需求和期望。作为父母的我们，应该用心地去了解孩子的真正需求，理解孩子的情绪。

很多时候孩子跟我们发脾气、顶嘴，是因恐惧而产生的战斗反应。比如，我们看到孩子没有好好学习，就会很生气，然后通过批评或者打骂的方式去惩罚孩子，希望通过惩罚去改变孩子的行为。

而孩子在接受惩罚时，他产生的情绪实际上是一种恐惧的情

绪。也许很多家长不认同这种说法，认为孩子又是顶嘴、又是发脾气的，表现得比自己还生气，他怎么可能是恐惧的呢？

孩子之所以会有这些反应，是因为他在跟家长对抗，而对抗就源于恐惧。

其实恐惧在所有情绪里是最重要的，也是优先级别最高的。假如一个人中了大奖，正沉浸在喜悦中，这时，他身边出现了一只老虎，那他肯定顾不得高兴了，老虎让他感到了恐惧，他得先逃跑或者装死。又假如两个人正在打架，双方都很愤怒，这时来了一只老虎，那这两个人肯定也顾不得生气了，毕竟逃命要紧。

也就是说，恐惧确实可以压制其他各种情绪，恐惧的力量非常强大。

作为父母，我们要善用恐惧，但不能滥用恐惧。

善用就是可以利用孩子的恐惧去改变他的错误行为。我们在日常生活中对孩子的所有惩罚，其实都利用了恐惧，只有孩子感到恐惧了，他才愿意去改变自己的行为。

而滥用则是我们不接受孩子的负面情绪，一旦孩子有了负面情绪，我们就用恐惧去压制他。比如，孩子说他不喜欢学习，家长就惩罚他，直到他说喜欢为止。可是他这时候的喜欢是被逼迫的，家长只是压制了他的情绪，使他不敢真实地表达自己，但他的行为还是真实的，他会用消极的态度去对待学习，比如写作业时拖拉磨蹭，上课时不认真听讲等。

这种利用恐惧去压制孩子的负面情绪的做法显然是不对的，

我们利用恐惧的目的只是控制孩子的行为，而不是压制他的负面情绪，不让它被表达出来。

当孩子有负面情绪时，我们应该让他表达出来。有一句话叫作"表达即疗愈"，意思就是当我们能将心里压抑的情绪表达出来时，表达的过程本身就能带来疗愈的效果，这个情绪对我们的影响就会因此降到很低。

比如孩子说他不喜欢学习，那我们应该让他将对学习的不满发泄出来。在发泄的过程中，他自然而然地就将心里压抑的情绪表达了出来，压在心里的"重担"得以卸下，情绪也就得到了"疗愈"。

父母只有让孩子将情绪表达出来，并理解孩子的情绪，才有可能帮助孩子调节情绪，继而影响孩子的行为。

03 设定界限，让孩子正确"发"脾气

孩子发脾气是成长过程中不可避免的一部分，作为父母的我们，有责任引导孩子以健康的方式表达情绪。

1. 设定清晰的界限

我们要让孩子明白，在发脾气时，哪些行为是可以被接受的，比如用语言表达不满；哪些行为是不可以被接受的，比如摔东西或打人。

我们可以跟孩子一起设定规则。规则一旦被设定，就要始终

如一地执行，我们也不要因自己的情绪而随意地更改规则。比如，我们哪天高兴了就允许孩子摔打东西发泄不满，而哪天心情不好了，就连哭都不让孩子哭。

我们还要让孩子明白，如果他的行为超出了界限，将会受到相应的惩罚。比如，孩子在发脾气时没忍住摔坏了东西，那他就要用自己的零花钱或压岁钱去进行相应的赔偿。

2. 教导情绪表达

首先，我们要帮助孩子识别和命名自己的情绪，比如愤怒、悲伤或沮丧等。

其次，我们要鼓励孩子用言语而非行动来表达情绪，比如用相应的情绪词语将自己的感受说出来，像是"我生气了""我很伤心""我感到很沮丧"等，而不是去摔打东西。

最后，我们要教导孩子如何通过运动、艺术创作或其他活动来调节情绪。比如，他在感到很生气时，可以试着做深呼吸或倒数数；在感到伤心时，去画画或唱歌；感到沮丧时，出去跑步或者打篮球等。

3. 以身作则

作为父母，我们平时要注意管理好自己的情绪，尽量在孩子面前展示如何冷静地处理冲突和压力，帮助孩子建立正确的行为模式。比如，当孩子跟同学打架被老师投诉时，我们不要失控地斥责或打骂孩子。而要告诉孩子，他的表现让我们感到很生气，再引导他说出打架的原因，然后跟他一起商量怎么解决这个问题。

4. 鼓励自我反思

鼓励孩子记录自己的情绪和触发情绪的因素，帮助他厘清情绪的根源，也就是让孩子写"情绪日记"。

写情绪日记的目的：第一，记录是什么事情让孩子产生了这样的情绪识别；第二，记录孩子的反应是什么，也就是记录孩子的情绪识别——我产生了什么样的情绪，原因是什么；第三，记录孩子是怎样表达情绪的。

这些记录，不仅可以更好地帮助孩子调节情绪，还能让家长更及时地察觉孩子的情绪、更好地了解孩子，从而引导孩子正确地发脾气。

情绪日记包含的主要要素是：记录事件和情绪反应产生的原因。

比如在记录因玩手机而没有按时完成作业这件事时，可以如下记录。

今天回家玩手机没写作业，被妈妈反复催促提醒（事件）。妈妈的催促让我感到紧张、烦躁，甚至有压力（情绪反应），最近很多课程内容都没学懂，也没跟上学习进度，拖欠了许多作业，想逃避（产生的原因）。

其实在记录的过程中，孩子就会随着记录的过程，逐渐厘清自己情绪的根源，从而慢慢地平复情绪。

而我们在看完孩子的情绪日记之后，自然也就能够更深刻地了解孩子情绪产生的原因，进而做出正确的引导。

等孩子的情绪平复之后，我们再与孩子一起讨论情绪爆发的原因，并引导孩子做自我反思，让孩子思考，如果以后再遇到同样的事情，除了发脾气，是否还有更好的应对策略。

为孩子设定界限，并教导孩子正确发脾气，说起来容易，但要真正做好，并非易事。我们需要做好打"长久战"的心理准备，再耐心地去引导孩子，帮助他成为一个情感健康的人。

情绪是人类与生俱来的内在体验，它影响着我们的行为和决策。对孩子来说，情绪的表达和调节尤为重要，他正处于性格和行为习惯形成的关键时期。作为父母的我们要学会理解并帮助孩子调节情绪，这是培养他们健康心理和社交能力的重要一步。

自主学习

激发孩子的学习动机

家长都希望自己的孩子能够自发主动地学习，无须催促或强迫。

孩子的自主学习能力受两个因素影响，一个是孩子的自主性，另一个是孩子的学习能力。拥有自主学习能力的具体表现有三点，一是孩子愿学，在心态上愿意积极主动地组织并且参与自己的学习；二是孩子会学，有自己总结出来的高效的学习方法和学习习惯，给自己设立了实际可行的学习目标；三是孩子乐学，在学习的过程中能得到有效反馈，充满成就感和自信心。

然而，有自主学习能力的孩子只是少数，在现实生活中，很多孩子是做不到愿学、会学、乐学的。

为什么有些孩子无法自主学习？

美国心理学家德西·爱德华和瑞安·理查德提出的自我决定理论中有这样一个观点：只有满足了自主、胜任和关系（归属感）这三种基本心理需求，人的内部动机才会被增强，并且促进外部动机的内化。从这个角度看，家长要培养孩子自主学习的能力，就要先满足孩子的自主感和胜任感，满足孩子对关系，也就是归属感的需求，这样才能更好地激发孩子内在的学习动机，提高孩子自主学习的意愿。

很多时候，我们习惯了包办孩子的事情，什么事情都替孩子做主、帮孩子完成，没有抓住培养孩子自主学习能力的契机。我们的过度代劳导致了孩子不仅在生活中没有选择的自由，也让孩子在学习上没有了自主学习的能力。甚至有时候，家长对孩子过度管教，压制了孩子做选择的权利，从而使孩子失去了自主学习的意愿，陷入了被动等待的状态。

不过父母们不用着急，本章会详细讲解如何帮助孩子建立自主感、胜任感和归属感，激发孩子的主动性，让学习不再困难。

合理的目标，才能激发孩子的主动性

提到学习，父母都盼着孩子能取得好成绩，为了让孩子好好学习，我们还会用"一分耕耘，一分收获"的道理来鼓励孩子。

很多孩子确实照做了，特别努力学习，不怕吃苦，才吃完晚饭，就一头钻进房间，看书做题，一直到睡觉时才停下来，第二天一早起床继续学习。

孩子本以为这样刻苦，应该就能成为班级里的佼佼者，哪知道考试成绩却不理想。

想到自己付出的努力，再想到不尽如人意的成绩，孩子内心的崩溃和沮丧可想而知。有些孩子可能就此放弃努力，丧失学习的动力和热情。

面对这种情况，我们该如何帮助孩子呢？

01 愿望不等于结果，要把愿望转变成可执行的目标 ■□□

在回答问题前，我们先说两个概念，一个是愿望，一个是结果。

愿望是什么？它其实是我们的主观意愿，也就是一种欲望和想法。结果的含义则不同，它是既定的客观事实和现状。

以孩子的学习成绩为例，父母的愿望就是自家孩子的学习成绩出类拔萃。这其实是父母的主观想法，是他们自己的意愿。

而所谓的结果，是孩子的成绩到底怎样。他是保持在班里前三名，又或者是班里前 10 名？

对比愿望和结果，我们不难发现，二者看似方向一致，实则并不完全相等。愿望不等于结果，主观不等于客观，想让愿望跟结果匹配，我们就要学会把愿望转变成可执行的目标。

通常来说，愿望是模糊的，有些愿望实现起来的难度系数还很大。目标不同于愿望，目标应该是清晰的、可执行的，而且难度要适中。

比如，我们希望增加自己的阅读量，那我们需要把这个愿望具体化成可执行的目标，它可以是一个月读三本书，或是一周读一本书，这些都是具体化的目标。把增加阅读量具体化到阅读图书的数量上，还是可以被检验的，时间到了，我们就知道自己到底读了几本书，目标有没有实现，一目了然。

回到孩子学习成绩的问题上，孩子的愿望是考进班级前 10 名，这是一个很容易被检验的目标。但我们仍然要帮助孩子将其转化成更加具体的小目标，比如孩子的数学成绩有待提高，还要提高五分。提高分数是愿望，那就把这个愿望继续拆分为小目标，将其变成更具体的、可执行的目标：每周完成 10 道拓展题，又或者每周完成一次自测考试等。

如果我们不去思考这些问题，无法帮助孩子把他的愿望转化成可执行的目标，那么不管孩子再怎么努力，他的愿望也很难实现。

02 用目标金字塔，把愿望转化成目标

那么我们该如何做转化呢？愿望是如何转化成目标的呢？

有一个工具特别好用，那就是目标金字塔。它实际上可以分为两个部分，一个是由上往下，一个则由下往上。

想把愿望转化成目标，我们可以利用目标金字塔，按照由上往下的方式，把愿望转化为可执行的目标。

在帮孩子把愿望转化为目标时，我们可以这么做。

第一步：从愿望倒推明确的结果目标。

孩子的愿望是考进班级前 10 名，这个名次看似很具体，但在执行过程中很难操作，还要进一步具体化，我们要将其拆分为精准的小目标。家长可以先参考现在班级第十名同学的考试分数，他的语数英成绩一般都在什么分数段，如果这个孩子的语数英成绩都在 90 分上下，那么我们就可以倒推出自己孩子的目标分数应该是多少。

举个例子，孩子平时的成绩是语文和英文都可以考到 90 分以上，从这个角度看，他跟现在的第十名相差不大，但是他的数学不好，成绩一般都在 85 分上下。因此，孩子要想考进班级前

10 名，就要把数学考试成绩提高到 90 分或者 90 分以上，也就是说要比之前进步 5 ～ 10 分，这就是从具体的考试分数上来进一步明确量化目标。

分值明确后，我们就可以帮助孩子制定每日的学习目标了，比如每天训练两道应用题，每天训练五道计算题等，这些目标十分具体，还具备可查性，孩子每天是否完成目标，都可以检验出来。

愿望有时候是很模糊宽泛的，越宏大，我们越找不到重点，不知道第一步要从哪里开始，简直让人有无从下手的感觉。当我们可以把这些模糊宽泛的愿望，明确成具体目标时，才能更好地实现它。

第二步：制定过程中的小目标。

过程跟结果是有关联性的，没有好的过程很难有好的结果。我们要控制过程的发展，让它走在能取得结果的方向上。因此，我们要参与过程，审查每一天、每一步的行动，是否都达成了过程的小目标。

比如，孩子的英语成绩不好，最主要的问题是孩子词汇量不大，他没有好好背诵词汇，这导致了他在考试时因词汇问题而失分，英语考试成绩基本在 90 分上下。现在为了提高英语成绩，孩子打算每天背诵 10 个单词。第一天孩子认真背诵了 10 个单词，第二天、第三天也都完成了背诵任务，但是第四天其他作业耽误了时间，等完成作业后，孩子已经累了，没有精力背诵单词了，他干脆就不背了。第五天、第六天，孩子都没有完成背诵 10 个单词的目标，这时，我们就要意识到出现问题了，孩子在执行过程中出现了好几次不到位现象，我们要找出这背后的原因。为什么孩子不能够坚持每天背诵单词？是因为每天背诵 10 个单词超过他的能力了，还是因为他的学习时间被作业占据太多找不到时间来背诵了？

无论哪种原因，我们都要解决孩子过程目标执行不到位的问题，否则实现不了过程中的小目标就无法实现最终的大目标。

我们可以及时调整过程目标，把每天背诵 10 个单词降低到每天背诵五个或者六个单词，这样才能确保孩子可以完成过程目标。

虽然我们觉得，降低难度对最后的结果会有影响，但我们要明白一个道理，有些事情要先完成，再完美。

03 想要实现结果目标，就要设定合理的结果目标 ■ ■ □

说到这里，估计很多父母要问了："我们在过程中也是这么做的，可成绩还是没有提高，这又是什么原因呢？"

确实，即便我们把愿望转化成了结果目标，也控制好了过程目标，但依然有可能得不到想要的结果。

这个时候，我们需要反思，我们的目标设置是否合理。

一个合理的目标要具备两个属性，分别是清晰和难度适中。

清晰很好理解，就是足够具体，能被详细量化；难度适中则是用来检测这个目标的可行性的，也就是孩子能否实现这个目标，会不会超过他的能力范围。

目标不清晰，实现难度太高，孩子的学习动机会被削弱，孩子做不到，就没有胜任感。不仅如此，要想增加孩子实现目标的可能性，在设定目标时，还要关注自主感和关系性。

所谓自主感，是指孩子对自己的行为有选择权和认同感，此时的目标不是家长强加给孩子的，代表了孩子的自我意识。

比如，有些父母喜欢带孩子出去旅行，然后让孩子回家写一篇游记，但孩子不想写，只是迫于父母的要求，不得不写一篇来应付父母，对于孩子而言，在写不写游记这件事上他没有自主感，是父母强行安排的任务。

如果孩子有自主感，他就可以自己决定要不要写游记，他想写就写，不想写便不写，这件事他能自己说了算，不用听从父母的要求。

具有关系性说的则是目标是大众化还是小众化的。比如，孩子每天只背诵五个单词，但别的孩子每天基本要背诵一二十个单词，从大众化角度看，我们的孩子每天也要背诵 10 个单词以上才算合理。从自身小众化的目标入手再到大众化的目标情况分析，就是社会链接，也就是在小众化目标和大众化目标之间找个平衡点，做出正确的自我评价，不盲目追逐大众化。万一大众化目标的水平都偏高，那就超过了自己的水平，达不到大众化目标。

但是，也不能只满足于实现自己小众化的目标，这样也有可能跟不上主流，带来落差。最好的做法就是正确地自我评价，了解自己的真实水平，再结合大众化目标，给自己制定一个完成起来既不过分吃力，也可以激发潜能的目标。

在前面提到的目标金字塔中，有一个很重要的关键点，就是目标和过程之间要不断匹配，过程是有上限的，而目标是没有上限的。以孩子提高学习成绩为例，孩子可以将目标设定为考到班级第一名，也可以设定为考到年级第一名，甚至是市第一名、省第一名，这个目标是没有上限的。但过程目标是有上限的，在实现的过程中，每个目标都跟能力密切相关，而人的能力是有限的，不会无限提高。

就像孩子背诵单词，记忆力强的孩子，一天可以记住二三十个单词，而记忆力弱的孩子，一天可能最多记住 10 个单词。同样背诵了一个月，两个孩子的词汇量显然是有差异的，如果他们都想提高英语成绩，那么提高的程度就不能强求同步，词汇量大的孩子，可以提高更多，反之词汇量略小的孩子就要适度调整自己的最终目标。这就是根据过程目标来调整最终目标，使其更加合理。

这一切都基于正确的自我评价，只有看清自己的能力边界在哪里，及时调整目标难度，才能激发孩子的主动性，让孩子对目标有胜任感，才愿意为之努力，直到实现目标。

第二节

辅导作业也要建立边界感，打破学习绑架和依赖

如何打破学习绑架和依赖，让孩子找回学习的主动性呢？

首先，家长要建立一定的边界感，适度退出孩子的学习过程。

建立边界感并不是一件简单的事，尤其是对一直陪伴孩子学习的家长来说，他们需要不断地学习和实践。家长可以从以下两个方面入手。

第一，从"监工"转变为"支持者"。家长应该为孩子提供支持和引导，而不是监督、代办，甚至控制，我们要相信孩子有能力管理自己的学习，也要给予空间，允许他们去尝试、去犯错。

第二，从"老师"转变为"学习伙伴"。每个人都需要学习，家长也是如此。如果我们害怕自己成为事事越界的家长，不妨和孩子一起学习，学会和孩子分享经验，而不是代替他们思考。

也就是说，我们需要先摆正自己的角色，明确辅导学习和主导学习之间的界线，才能从学习绑架的关系中抽离。

更重要的是，我们要足够尊重孩子，尊重和相信孩子的学习能力，多倾听孩子内心真实的想法，不要急于否定孩子，也不要急于代替孩子去写作业，要让孩子慢慢成长。

　　总之，我们要意识到孩子在慢慢长大，要学会放手，把写作业这件事交给孩子自己负责。减少陪学，少点催促，让孩子自己安排时间。如果孩子有问题请教，我们可以多引导孩子自己展开思考，或者提示孩子该用什么方法思考才能得到答案。

　　父母之爱子，则为之计深远。给孩子陪伴很重要，但适度放手、培养孩子学习的主动性、激励孩子积极主动地学习则更为重要。

第三节

如何利用写作业，培养孩子的自主感

　　上一节讲到辅导孩子写作业，其实我们也可以利用写作业来培养孩子的自主感。

　　来访的家长大多有相似的经历："辅导孩子写作业太痛苦了，孩子不写作业时，家里母慈子孝，其乐融融，孩子一旦写作业，全家鸡飞狗跳，大呼小叫，孩子要么不想写，要么不会写，有时甚至就坐在那里磨洋工，半天不动笔，看得人抓狂，搞不懂孩子写个作业怎么这么难？"

　　面对家长的催促，孩子总是充耳不闻，不仅不听，有时候还会狡辩说："老师说了他不检查这个作业，既然老师不检查，我为什么要写？"

　　面对孩子这样的话语，我们简直哭笑不得。但是，我们也很不解：为什么孩子对写作业会有这些反应呢？家长该如何做才能让孩子认真写作业呢？

　　其实只要理解了孩子对写作业这件事的态度和想法，或许就能找到破解疑虑的方法，问题就能迎刃而解。

01 作业之手：目标误区导致认知冲突 ■■□

如果我们问孩子："为什么老师不检查作业，你就不写呢？"

孩子会说："老师不检查，说明这个作业不重要，那我为什么要写？写了又有什么用，不是浪费时间吗？"

我们接着会说："但是老师既然布置了作业，你不完成它，不就是不听老师的话了吗？你也要对自己的学习负责。"

孩子一听就不满意了："这个作业就算写了，老师最多看一眼，再说了，很多同学都不写，为什么我要写？"

这番话，有些家长可能不知道怎么反驳，只好继续给孩子讲大道理："写作业是检查你对学习的掌握程度，想要学习好，就要认真写作业。"

殊不知，这种话孩子大概率是听不进去的，他只会停留在自己的思维方式中：为什么要检查自己的掌握程度呢？不检查的话，什么事都没有，自己可以轻松开心地玩耍。

我们给孩子灌输道理让他去写作业的背后，藏着我们成年人的理想主义，我们默认孩子也和我们一样成熟理智，明白作业的重要性，会对自己的学习负责。

然而，对大部分孩子来说，他不希望考试，也不想写作业，更不想通过写作业检查自己有没有掌握学到的知识。这些事让孩子感到了压力，他自然会本能地抗拒和排斥。

这就是针对写作业这件事，家长和孩子之间出现的目标误区。

那么，为什么同一件事，家长和孩子会有目标误区呢？

第一个重要原因是家长赋予作业的价值感不被孩子认可。

通常来说，家长赋予了作业很多价值：巩固课堂成果，检测学习状态，提高学习成绩。

这些都是作业的额外价值，但孩子对此并不认可。孩子的想法很简单，作业就是任务，完成就好了。写作业就是写作业，没有那么多额外价值。孩子想不到这么多，也不愿意去想。

就像在日常生活中，我们希望孩子在写好课内作业后，再写点课外作业，把作业中的要点难点好好记录下来，消化吃透，彻底掌握这个知识点。

但对孩子来说，写完课内作业就万事大吉了，他要赶紧去找小伙伴玩耍，并不会琢磨今天的作业有什么重点，该如何利用作业来提升自己的学习成绩。

在孩子心目中，写作业不是一件了不起的大事，想写就写，没意思就不写了。家长赋予作业的诸多价值，到了孩子这里，都变成麻烦和负担了。

明白这个道理后，我们就能试着理解孩子，换位思考，用正确的态度对待孩子不写作业这件事了。很多时候，孩子之所以不写作业，是因为他确实没有想那么多，也想不到那么深刻。

家长只有对孩子多点理解，少点指责，少喋喋不休地说大道理，顺应孩子的思维和想法，才能解决问题。

第二个原因，家长对写作业的因果关系不明确。

我们做某一件事，采取某个行为，不一定能带来某个我们想要的结果。

比如，孩子每天写作业就是一个具体行为，跟孩子每天认真听课，复习预习一样，都是具体行为，这样的具体行为，一定能够带来好成绩吗？不见得。

不是天天写作业、认真听讲，孩子的成绩就会好的，这些具体行为和结果之间没有绝对的因果关系。

打个比方，孩子今年四年级了，我们给孩子定了一个目标，要求他考试的平均成绩能考到90分，在此之前孩子的平均成绩是80分。目标提高到90分后，我们要求孩子每天认真学习，好好写作业，孩子听话照做了，结果平均成绩只有85分。

这时我们该如何评价孩子呢？现实中很多家长往往会责怪孩子：

"肯定是你平时没认真学，不好好写作业。"

"都怪你写作业拖拖拉拉，磨磨蹭蹭。"

事实上，孩子的平均成绩只有85分是有很多原因的。有可能试卷难度比之前大了，也有可能孩子没有发挥好。

这个结果并不完全是没有好好写作业造成的。相反，孩子按照我们的要求完成作业了，也付出努力了，但我们的评判标准是什么？我们有时候只看最后的结果，对结果不满意，就否定全过程。

这就是普遍存在的一个问题：过程和结果的因果关系不明确或结果不明确。

简单总结一下就是，写作业并不一定能带来好成绩，二者之间的因果关系不明确。有时候，对于想要的结果是什么，我们也不明确。

有时候，孩子只要认真对待作业，我们就认为孩子值得表扬，但最后往往会因为孩子没有考好，就不表扬甚至责怪孩子。这导致孩子对写作业缺乏积极性，无论写还是不写，结果似乎都差不多。

因果关系不明确，带来的直接后果就是孩子写作业的动机不强，他即便写好了作业，考试也不见得就能考好，而考不到好成绩，就要被父母数落和批评。时间长了，孩子就没有写作业的动力了，他就会对作业敷衍了事，能不写就不写，不会做就不做，反正考试成绩决定一切。

02 激励法：激发孩子的学习动机，培养孩子的自主感 ■■□□

上面提到的孩子在写作业时出现的各种负面情绪，撇开外界因素，最主要的产生原因就是孩子觉得写作业是被老师和家长逼迫的，他自己做不了主，无法决定写不写，以及写什么，这就是孩子缺乏自主感的表现。

我们可以想象一下，如果是我们总被迫加班，没有权力拒绝，必须服从上级的命令，我们会发自内心地喜欢这样的工作吗？显然不会。同样的道理，孩子总被逼着写作业，时间长了就会反感写作业，然后马虎对待，随意敷衍。

家长如何应对孩子的这种行为呢？有一种应对方式，叫作外部激励法，它是指通过设置外部奖励，来满足孩子的心理动机，激发孩子的学习动力。

常见的外部奖励包括：给孩子准备礼物、增加零花钱、带孩子旅行、增加电子产品使用时间等。这是通过物质激励给孩子形成刺激，让孩子得到心理上的满足和愉悦，从而提高他学习的积极性。但外部激励的效果很有限，持续时间不长。

对于这一点，很多家长应该是感同身受的。在我们刚开始使用物质奖励刺激孩子学习时，效果非常好，孩子充满了激情和动力，奖励两三次后，孩子的新鲜感过去了，兴致就不如第一次高了，外部激励的效果也会打折。

这时，我们可以采用第二种回应方式：内部激励。

家长可以通过适当的内部激励手段，激发孩子的自主感，让他们愿意主导自己的学习进程。

孩子在有自主感时，可以按照自己的意识做出选择，能够自己选择和掌控自己的生活。自主感通常与两个重要因素有关：一是选择权，即孩子有自主决策的权利，而不是被迫做决策；二是认同感，也就是说孩子选择去做的事情，一定是他们感兴趣的、喜欢的、与他们的价值观相匹配的，即他们做的是自己喜欢且认可的事情。

如何通过内部激励手段，激发孩子的自主感呢？

（1）**给孩子更多选择权**。允许孩子在学习过程中做出选择，允许孩子选择如何安排自己的学习、采用什么方法。比如，到了周末，孩子可以选择先出去玩再写作业，也可以选择先写作业再出去玩。要学会放权给孩子，不要剥夺孩子在学习上的选择权。

（2）**支持孩子开展个性化学习**。我们要了解孩子的兴趣爱好、学习风格和认知特点，制定符合孩子个性的学习方案。有的孩子喜欢画画，擅长图形记忆，那么我们就鼓励孩子自己画思维导图，构建适合自己的知识框架和体系。

（3）**尊重孩子的意见**。家长不要摆出高高在上的姿态，对孩子实行一刀切的教育方式，凡事要重视孩子的意见，听听他们是怎么想的，尊重孩子的想法。比如在给孩子做安排时，要先询问孩子："你好像对爸爸妈妈的这个安排有些不满，能告诉我们你的想法吗？"给孩子表达的机会，参考他们的意见。

（4）**鼓励孩子独立思考**。比如，孩子说这道数学题太难，我们也不要急着否定孩子的说法，指责孩子不用心，要学会站在孩子的角度看待问题。也许这道数学题真的超过了孩子的能力范围呢？家长可以这么说："这道题的确有点难，不过再难的问题也有突破口，你要不要再琢磨一下？要不要试试别的方法？"

除此之外，我们更要鼓励孩子做自我监督管理。特别是在孩子到了 10 岁之后，一定要鼓励孩子进行自我评价。家长可以用引导性的提问，来激发孩子表达想法：

"这次考试你觉得发挥得怎样？"

"这个考试结果跟自己的真实水平差距有多大？"

"你觉得自己的成绩是高于真实水平的，还是没有发挥好，又或是正常水平？"通过这些引导性提问，让孩子表达自己的看法，分享他内心的真实想法。

这其实也是一种对孩子的奖励。

能让孩子畅所欲言，能认真倾听孩子的想法，这体现了父母对孩子的尊重和理解；让孩子自主发言，甚至指出父母平日里做得不好的地方，可以大胆"批评"父母，这也是给孩子的无形奖励。

在内外部激励下，孩子的自主感会慢慢被激发出来，他会把学习当作自己的事情，用自己喜欢的方式去学习。这种自主感会让他积极主动地安排学习。

做到这一步，家长自然不必再操心孩子的写作业问题了。

第四节

如何帮助孩子建立胜任感

　　孩子写作业碰到难题时，很容易因陷入"知难而退"的模式而写不下去，于是直接不写了，要么发呆，要么无所事事。

　　作为父母，我们看见这情形肯定会问一句："你怎么不写了？"

　　孩子说："作业太难了，我不会。"

　　听到这句话，我们一般都会很生气，觉得孩子怎么就这么不爱思考呢？遇到难题多想办法就是了，怎么能不写作业了呢？

　　我们通常会忍住脾气对孩子说："难不要紧，你可以好好想一想。"

　　孩子不假思索地回答："我想过了，还是想不出来。"

　　这时，我们已经快压不住脾气了："那你就再多想一下，别人都会，怎么就你不会！"

　　孩子也生气地回应说："我就是想不出来，我不写了。"

　　之后任凭我们再怎么劝说，孩子就是迟迟不动笔，非要拖到最后一刻，实在来不及了才硬着头皮去写。

　　为什么孩子一遇到难题就拖延呢？

01 拖延的背后是缺乏胜任感 ■ ■ □

孩子拖延，主要是畏难情绪作祟。遇到这种情况，不能全怪孩子，就算是成年人，有时候碰到难事无从下手时，也会想先缓缓再说。孩子没有成年人那样的理智和稳定的心态，遇到对成年人来说微不足道的小事，比如作业太难了，一时半会儿想不出解题方法，就会拖延。可以说，拖延是大脑在困难来临时逃避痛苦的本能反应。

而畏难情绪的产生，从心理学角度来看，主要原因有以下两点。

一是缺乏信心。因为孩子缺乏信心，所以害怕面对难题，担心自己无法解决问题。

二是缺乏胜任感。孩子的自我定位和自我评价不高，害怕失败，不敢尝试，干脆选择回避困难。

所谓胜任感，说的是我们在各种活动中，通过表现出足够强的能力并取得成功，从而获得的积极的自我价值感体验。可以说，胜任感包含了以下两个层面。

第一个层面是常规的自信，就是知道我们当下有某种能力。

第二个层面是更高境界的信心，那就是我们现在可能还无法解决问题、能力还不够强，但我们对未来充满信心，对最终结果充满信心。用一句话概括就是"我知道我行"。

有了胜任感，孩子在碰到难题时就不会先产生害怕和逃避的念头，他们想的是："我来想想办法，应该可以解决。"他们不会被负面情绪裹挟，而会用积极向上的态度面对难题。

那些缺乏胜任感的孩子，碰到难题就撂挑子不干，有时还会抱怨："这题太难了，我不会做，老师为什么布置这么难的作业"。

在这种念头产生后，孩子就不想继续思考了，他们要么拖延不做，要么干脆放弃。

因此，我们可以认为，孩子之所以拖延，其实是因为孩子缺乏信心和胜任感。

02 辅助孩子达成目标，多表扬孩子

要培养孩子的胜任感，我们就要教会孩子明白一件很重要的事：很多事情不是因为你现在有能力做到，所以你才相信你自己的，而是你要相信自己的能力是可以不断提高的。以写作业为例，今天的作业有点难，你不会做，但你迟早可以攻克它，你具备把曾经不会的难题做出来的潜在能力。

这份胜任感对孩子的成长意义深远。

有几个小方法可以帮助孩子培养胜任感。

方法一，家长要适度辅助孩子达成目标。

在孩子的成长过程中，父母是很重要的引路人，也是孩子最亲密的"良师益友"。孩子的每次进步都少不了父母的支持和帮助。

在孩子面对困难和挑战时，父母可以适度提供支持，辅助孩子达成目标。

孩子在写作业碰到不会的题时，我们也不要一味地责怪孩子不动脑，不思考，我们可以换个方式，成为孩子的盟友，帮助孩子一起解题。

我们可以鼓励孩子说："我知道最近学的知识有点难，但我相信你可以掌握的，我们一起来梳理一下现在的问题，一步一步解决它。"

带着孩子一起审题，拆解题干，制定思路，协助孩子破解难题，达成目标。

身为家长，千万不要吝啬给孩子提供助力。孩子不是一下子就长大的，他走的每一步路都需要家长的指引和托举。

只有我们协助孩子解决难题，孩子才不会一下子被难题打倒，彻底丧失信心。他会意识到，在父母的帮助下，难题不那么难了，他自己也能试着想到解决方法了，这一点对孩子保持自信，不排斥难题的挑战非常有意义。

我建议在一开始父母就要适度辅助孩子达成目标，呵护孩子幼小且脆弱的自信心，多陪孩子完成几次挑战，孩子就会慢慢成长，逐渐强大，终有一天他可以脱离父母的陪伴，独自面对困难，取得成功。

方法二，多表扬孩子。

提到表扬，我们经常会混淆表扬和鼓励的概念，但是二者的含义和语境是不同的。

比如，孩子参加钢琴比赛没有获奖，但拿到了大赛颁发的参与奖，如果我们鼓励孩子，我们会这么说："这次比赛你表现得还不错，但下次你可以表现得更好。"这句话真正要表达的意思是，这次比赛你没有表现好，没有发挥到位，下次要继续努力，争取拿奖。

这种鼓励并不能增加孩子的胜任感，孩子不能明白自己到底哪里好，不知道自己的闪光点是什么。如何让他变得自信，拥有胜任感呢？我们要把鼓励换成表扬。

表扬跟鼓励不同，表扬是直接认可并且称赞孩子做得好的地方。比如，孩子数学考试得了 95 分，比上次考试成绩高了 5 分，我们就可以表扬他："这次考试你在计算题部分拿到了满分，计算能力很强，考得很好。"这样一来，孩子就会很开心，他知道自己的长处在计算题，他会在以后的学习中继续强化计算能力。

我们只有多表扬孩子，才能激发孩子的自信，让孩子产生强大的胜任感。具体如何做，我们可以参考以下几个方法。

1. 表扬孩子的努力

比如，孩子为了期末考试，复习了一个月，每天学到深夜，仔细复习每门课程，花时间整理错题，家长就可以对孩子说："你为这次考试付出了很多努力，我真的很欣慰。"

从客观事实出发，把孩子的付出和用心看在眼里，再用语言去称赞孩子，表达家长的欣慰之情，这就是告诉孩子，他付出的努力没有白费，无论最后考试的结果如何，在备考的过程中，孩子做得很棒，值得表扬。

父母给予的正向反馈会给孩子无穷的动力，让孩子充满干劲，继续前行。

2. 突出具体表现

空洞的表扬是没有分量的，也不会触动孩子的内心。我们要表扬孩子，就要表扬他的具体表现。

比如，孩子在语文考试前，制订了详细的复习计划，从温习生词到强化阅读理解，再到提升写作能力，孩子都有相应的复习资料和复习步骤。这时，家长就可以称赞孩子："你这次考试提前制订了计划，有条不紊地复习，你真的很棒。"

这就是突出具体表现，表扬的都是孩子做到的内容，孩子会觉得我们关心他的一举一动，他的认真态度都被我们尽收眼底，他就会在细节上更加用心，并且愿意复制这些被我们称赞的表现。

3. 肯定孩子的能力

人都需要得到身边人的认可，孩子也不例外。家长要多肯定孩子的能力，而不是时常泼冷水，打击孩子。

当孩子在考试中取得进步时，我们要及时肯定孩子："你这次数学考试考得很好，你在数学上有很大潜力，一定能学得非常好。"

孩子英文单词听写从一开始错很多，到现在只错一两个单词，虽然没有全对，但听写的正确率越来越高了，我们要看到孩子的这种小进步，肯定他们在背诵单词上的努力和用心，鼓励他们再接再厉。

一句简单的肯定，会给予孩子无限的信任和鼓舞，让他在学习的路上一往无前。

4. 强调进步

孩子只要比之前有改善有进步，哪怕是很细微的进步，我们也不要错过称赞的机会。

比如，孩子之前都是放学后先玩耍，玩够了再写作业，现在是回家先写作业，写完才去玩。学习习惯变好了，我们就要称赞孩子，强调孩子取得的进步："你最近回家都是写完作业才去玩，进步非常大，做得真好。"

强调孩子的每次改进，称赞他们的进步，就是孩子持续完善的最大动力。

5. 肯定创造能力

孩子的想象力是很丰富的，他们拥有强大的创造能力，只要父母不要用常规的条条框框限制孩子，孩子就能给父母带来不一样的惊喜。我们要善于肯定孩子的创造能力："你设计的海报真的很好看，非常有创意，希望看到你的更多作品。"

越具体的表扬，带给孩子的力量就越大，他会变得更加有信心，更加努力地提升这些被家长称赞的能力。

这些就是我们从内部激励入手，提高孩子胜任感的方式，实际上就是做好两点：一是帮助孩子达成目标，二是更多地去认可孩子。用表扬和称赞的话语，由衷地认可孩子，我们不必担心总是表扬会让孩子骄傲，因为这份骄傲和自豪，正是铸就他们胜任感不可或缺的基础。

第五节

在学校学习效率高，回家就拖拉，解决办法是建立归属感

　　我经常跟家长聊天，发现了一个有趣的现象：孩子在学校写作业时，效率非常高，一会儿就能完成。但在家写作业时，情况就截然不同了。

　　孩子到家后，要么先看一会儿电视，要么拿出玩具，总之就是不肯写作业。

　　我们问他："你怎么不写作业呢？"

　　孩子回答："我饿了，要吃东西，吃完再写。"

　　过了一会儿，孩子吃完东西了，但还是没有坐下来安心写作业。

　　这时我们也忍不住催促起来："吃完就赶紧写吧，不要磨蹭了。"

　　孩子这才慢吞吞地走到桌边，翻开书本。同样的作业，比起在学校写，孩子在家写要花更多时间。换个地方和环境，孩子就像变了个人一样，拖拉磨蹭，写作业的效率远比在学校低。

　　碰到这种情况，我们该怎么办？

01 建立紧密的同伴链接才能获得好氛围、高效率 ■■□

有这样一句话，人是环境的产物。有什么样的环境就会造就什么的人。

对孩子来说，学校的氛围和环境跟自己家中的是完全不同的，学校里有老师，面对老师，孩子有种自发的敬畏感，不敢随意调皮捣蛋。不仅如此，孩子看到其他同学都在认真学习，没人讲话，自己也会在不知不觉间收敛言行。同学之间会建立一种链接，形成同频，相互影响和带动。

这也是很多家长特别注重孩子学校氛围的原因。一所好学校，它的风气和环境会形成强大的磁场，孩子身处其中后就会不自觉地被环境影响，被周围人带动，当身边都是爱学习的同伴时，孩子也会爱上学习，他就会表现得很好，作业完成的效率也会提高。

当孩子回家时，就离开了学校的环境和氛围。在家里，通常只有孩子一个人在写作业，没有在学校和其他同学一起学习的状态，没有同伴链接，孩子的自我约束性和主动性就下降了。另外，家里有电视、玩具，还有零食，这些东西容易吸引孩子的注意力，与这些好吃的好玩的东西相比，学习就显得枯燥无趣了。孩子自然会转移精力，先看一会儿电视，吃点东西，再玩一会儿，然后在家长的催促下，才磨磨蹭蹭地开始写作业。

这就是环境对孩子的影响，当我们的孩子跟环境中的群体产生链接时，孩子就会被群体带动。

简单总结就是，不同的环境带来不同的学习表现。

孩子会跟周围的环境和群体产生链接，并且很容易被环境影响，被身边的群体带动。

好的环境能给予孩子正向反馈，比如周围人都在认真写作业，没有人随意讲话，这样的环境会强化孩子对待学习的态度，孩子会被这种正能量影响，也会跟着好好学习。

02 建立归属感，是自主学习的最后一道坎 ■■□□

从大方向说，孩子之所以在校和在家表现不同，是因为环境不同。在家里，家长跟孩子之间也会产生链接，它会影响孩子的学习状态。

比如，孩子跟几个同伴在一起，同伴们都要写作业，没人贪玩，孩子就会参考同伴的表现，一起写作业。等孩子回到家中，我们会认为，我们做了什么样的事情，孩子就要做什么样的事情。我们看书，孩子就要看书，我们忙自己的工作，孩子也要认真学习。

乍一听，这种想法是没有问题的，我们都希望自己成为孩子的榜样，带动孩子模仿自己。实际上，我们所说的榜样和孩子的模仿是有区别的。

首先说模仿。孩子会模仿什么？在孩子七八岁前，他很容易模仿身边人的行为模式，我们是孩子身边最亲近的人，如果我们能树立好的榜样，比如不说脏话，不在家里吵架，孩子模仿我们，自然也不会说脏话、不会吵架；比如在发生争执时，冷静沟通而不是摔门发泄，孩子便会将这种情绪管理方式自然内化……

这就是最简单的模仿。

那么，榜样又是什么呢？通常，榜样是指我们喜欢、崇拜并想成为的人。同时满足这两点，这个人才算是我们的榜样，我们才会模仿他的行为模式。

但家长不一定是孩子心目中的榜样，哪怕我们已经做到以身作则，下班回家后不玩手机、多看书，希望带动孩子有样学样，孩子也不见得就会认可并模仿我们。

前面提到过，10 岁前的孩子没有自己的主见，父母的行为模式很容易被孩子学习并模仿。等到十一二岁后，孩子开始有自己的思维方式和价值观，就不太容易模仿别人了，但他们可能会模仿自己心目中的榜样。

明白了这个道理，我们就可以理解为什么我们不玩手机、不玩游戏，也不一定能带动孩子好好学习了。

那么，如何让孩子在家也能主动学习，认真写作业呢？方法很简单，**家长要帮孩子建立归属感**。

我们可以参考孩子在学校里跟同学建立链接的模式，跟孩子建立链接，增加孩子对家和父母的归属感。

我们可以采用以下这些方式。

1. 对孩子表达关心和支持

最简单的做法就是通过语言和行为来表达对孩子的关心和支持，让孩子感受到父母给予他们的无条件的接纳和安全感。良言一句三冬暖，父母要多对孩子说温暖体贴的话。

比如，孩子写作业碰到难题不想写了，我们可以安慰孩子说："没事，难题不会做很正常，咱们先把它放一边，等一下爸妈和你一起看看如何解决这个难题。"

这就是先表达对孩子的关心，理解孩子的畏难情绪，而后提供必要的支持，帮助孩子解决问题。

又比如，孩子在为期末考试复习，我们可以告诉孩子："不要有太大压力，无论你取得什么成绩，爸妈都永远支持你。"

这就是告诉孩子，无论他学习成绩如何，我们都一如既往地爱他，接纳他的优缺点。孩子考好了要表扬，没考好也要多鼓励，要给孩子提供足够多的安全感，让孩子感受到来自父母的包容和理解，他们就能从我们这里汲取继续前进的力量。不过需要注意的是，无论孩子最终取得了什么样的成绩，我们都要对我们说过的话负责。

2. 定期深度沟通

良好的沟通可以解决很多问题。我们要定期跟孩子进行一对一的深度沟通，通过沟通，了解孩子近期的状态、经历和想法。

比如，挑一个周末的早晨，跟孩子去公园散步，边走边聊，问问孩子："最近在学校过得怎么样，有没有发生有趣的事情？"

"最近的功课学得怎么样？作业多不多？写作业有没有碰到弄不懂的难点？

如果孩子愿意倾诉，我们就当个认真的倾听者，引导孩子多表达，让他把在学校发生的故事分享出来，多问孩子的想法和感受，少提自己的意见和看法。

只有这样，孩子才愿意跟我们多聊天，我们才有机会多了解孩子的学习生活和心路变化。

3. 建立情感链接

当孩子面临情绪困扰时，我们更要倾听他们的感受，多理解多支持，提供足够多的情绪价值。

比如孩子考完试情绪不高，我们可以跟孩子说："妈妈看到你最近有些低落，如果你想说说的话，可以随时找我。"

这种开放式的，把决定权留给孩子的话语，更能让孩子感到轻松和被理解，他们可以选择跟我们吐露心声，倾诉内心的想法，也可以选择暂时不跟我们分享自己的心事，独自消化。

无论孩子如何选择，我们的态度都要明确，以开放的心态给孩子提供一个情感宣泄的通道，确保在孩子有需要时，我们就在他身后。孩子还没有成年，情绪没有成年人控制得好，我们要细心观察，留意孩子的情绪状态，在孩子陷入低谷面临困扰时，及时伸出援手，告诉孩子我们随时可以当他的倾听者。

4. 举行家庭活动

现在的父母工作都很忙，不仅平时会加班，可能周末也需要工作，尤其是一些爸爸，素日里在家都是甩手掌柜隐形人，把教育培养孩子的任务都推给了妈妈。如果想让孩子对家庭产生归属感，爸爸们一定要多参加家庭活动，家庭活动可以加深家庭成员之间的亲密关系，培养家人之间的感情。

比如，爸爸安排一个周末，把时间留给家人，带上孩子："周末我们一家人去爬山吧！"在蓝天白云和绿水青山的氛围里，一家人可以尽情享受户外活动的乐趣，在父母的陪伴下，孩子也会非常开心。通过开展家庭全员参与的活动，尤其是让隐形的爸爸多参与进来，可以促进每个家庭成员对家的融入感和归属感。

5. 支持社交参与

孩子虽然年纪小，但也有社交活动的需要，我们要多鼓励孩子参与学校和社区的社交活动，给孩子提供支持和帮助，协助孩子扩展他们的社交圈。

学校有时会举办义卖活动，这时我们就可以鼓励孩子参加："这个周末学校有义卖活动，妈妈鼓励你去参加，如果你需要接送，我很乐意接送你。"我们还要允许孩子多接触同龄人，多参加社会活动。

除了学校的活动，社区有时候也会有一些志愿者活动，只要孩子愿意，我们就可以鼓励孩子参加，然后配合孩子，比如接送孩子，提供物资支持等。有了父母的大力支持，孩子就能更加顺利地融入社交活动。通过参加这类活动，孩子能够学会如何跟人打交道，学会如何更好地沟通交流，认识更多优秀的同龄人，拓展自己的社交圈，在社交活动中获得来自他人的认可和支持，从而找到自己的归属感。

　　帮助孩子建立归属感需要父母的耐心、理解和行动。只有通过积极沟通、理解支持以及实际行动，我们才能有效地帮孩子建立起对家庭的归属感，进而增强孩子的自信心和自尊心，帮助孩子成为一个更加优秀的人。

孩子眼中的父母：有笑有泪，共同成长

我无数次幻想过自己成为父亲的场景，并一度暗下决心，要成为孩子眼中完美的父亲。

可当我真正成为一位父亲时，我才发现，教育孩子这件事远比想象中的难得多。

作为父母，我们都希望让孩子健康快乐地成长，也希望把孩子培养成优秀的人。

但没有人生下来就会做父母，这也注定了在养育孩子的过程中，我们会遇到很多令我们手足无措的情况。

比如，在孩子第一次哭泣、第一次跌倒、第一次独自上学时，我都因没有足够多的育儿经验而状况百出。

本以为孩子生命中的每个第一次都会成为我生命里的独特印记，可多年后回忆起来我却常常感到亏欠和内疚。

相信每个新手父母也都会面临很多类似的困境：

可能因对孩子照顾不周而自我埋怨，可能因对孩子失去耐心

导致情绪失控而后悔不已，或者因厨艺、才艺等比不上其他父母而自惭形秽。

又或者因孩子随口说的一句类似"妈妈，你怎么又把菜做糊了？""爸爸，你怎么都不会打篮球呀？"这样的评价而感到挫败。

总之，我们可能时常因没有做到尽善尽美而自责。

但我想说的是，我们只是成年人，而不是超人。

我们都在尝试和摸索中学习做一个让孩子喜欢、让自己满意的父母。

因此，我们在尽力的同时，也要允许自己有不足；不要因自己做不到而深陷自责，也不要因孩子的一句抱怨而自我怀疑。

这个世界上从来没有满分的父母，但只要你是爱孩子的，孩子就能感受到，那么你就是孩子眼中的完美父母。

我们只有学会善待自己、包容自己，成为阳光、积极的父母，用爱和宽容编织一个温馨的环境，才能给孩子营造一个心灵的避风港。

当然，也有不少父母望子成龙、望女成凤，他们想要通过自己的付出和努力把孩子培养成十全十美的人。

他们希望孩子性格好、学习好、做事认真、勤奋自律。

他们把自己未实现的心愿强加在孩子身上，希望孩子成为钢琴家、舞蹈家和表演家等。

他们一味地用自己的标准逼迫孩子，掌控孩子的兴趣爱好、学业选择甚至是整个人生。

不过，很多时候常常事与愿违。

而父母一旦发现孩子没有按照自己想要的样子成长，就对孩子满是批评、责骂与冷落，这样做的结果只会适得其反。

也有的父母，一味追求孩子的好成绩，却忘了比成绩更重要的是孩子的身心健康。

正如纪伯伦的诗中写的"你的儿女，其实不是你的儿女。他们是生命对于自身渴望而诞生的孩子"。

每个孩子都是独特的。他们有自己的个性、爱好和特质。

真正睿智的父母，往往更愿意成为孩子的守护者，而不是掌控者。

他们不会盲目地拿自己的孩子和别人家的孩子去比较、不会把自己的标准强加给孩子，那样做只会让亲子关系剑拔弩张。

其实，当我们静下心来，就会惊喜地发现，每个孩子都有属于自己的独特的闪光点。

唯有摒弃刻板的标准和偏见，用心去发现和欣赏每一个孩子的特点，给予孩子自由成长的空间和时间，让他们遵循自己的个性和喜好去成长，孩子才能活出独属于他的精彩。

而父母需要做的就是尽量去理解、去尊重、去引导孩子，帮助孩子找到属于他自己的赛道，做他的后盾和依靠。

人们总说，有些人，一生都在被童年治愈；而另一些人，一生都在治愈童年。

父母及原生家庭对孩子的一生有着深远的影响。

孩子在童年感受到的孤独和伤害都会映衬在未来生活中，而孩子在童年时得到的爱，才是未来生活里的光。

充满爱的家庭氛围、和谐的父母关系、健康的亲子关系，通常会帮助孩子形成积极向上的心态和健全的人格。

这对于孩子未来的性格形成、人际交往、情感模式等都有很重要的影响，更是孩子面对逆境时的勇气和底气。

对孩子来说，一个充满爱的家庭，或许是父母能够倾听他的小秘密，或许是理解他的选择，也或许是看到他的喜怒哀乐。

总之，家长的每一次倾听、理解、看见，最终都会内化成孩子的心理能量，成为他抵御风雨的铠甲。

教育家陶行知曾说："爱是一种伟大的力量，没有爱就没有教育。真教育是心心相印的活动，唯独从心里发出来，才能打到心的深处。"

我一直认为，父母和孩子之间的关系是一场充满爱的双向奔赴。

父母引领孩子走向更美好的未来，我们养育孩子的过程，也是逐渐看见自己的过程。我们看到自己的脆弱与不完美，然后不断成长。

孩子的温暖和善意，给予我们情感支撑。同样地，我们对孩子的那份无条件的爱，亦是他们勇往直前的力量源泉。

在孩子成长的路上，我们既是见证者，也是参与者。

有一天，我看到我女儿写的作文①，感慨万千，更深刻体会到与孩子一起成长的重要性。

原来，在女儿的眼中，我既是一个坏爸爸，也是一个好爸爸。虽然她口中的我很严厉，但也能让她很快乐。虽然她口中的我有缺点，但也能给她安全感。

共 页第 页

坏家长、好家长

　　我觉得家长很坏，比如我爸爸，经常哆嗦，说这说那，烦死了，老让我改错，自己不改，说他自己爸爸坏话，但不让我说他的坏话，还说孩子不能和父母顶嘴。

　　我妈妈比爸爸好一些，但她有时会用自己的目光来看待我，会把我逼的很生气，然后就成了我的错。

　　但我也觉得我的家长很好，他们给了我一个美好的童年，带我出去玩，幼儿园三年的时光有一大半都是出去玩儿了，在我上一年级学习不好的时候，他们没有严厉地批评我，也没有给我一大堆作业，特别是爸爸，每次他得知我得了达标时，会哈哈大笑，这让我就很有安全感。

　　现在我的学习变好了，也多亏了爸爸妈妈，他们有时是坏家长对我很严厉，他们有时是好家长让我每天都很快乐。

20×20 = 400

---

① 图为女儿作文原文，因此会有错误存在。——编者注

女儿的作文让我再次感叹,在这个世界上,既没有完美的父母,只有在不断进步的父母;也没有十全十美的孩子,只有融洽和谐的亲子关系。

陪伴是最长情的告白,育儿之路道阻且长。

作为父母,我们要成为孩子成长路上的伙伴,与孩子互相关心和安慰、彼此包容和信任、相互理解和支持,成为彼此的小太阳,照亮共同前行的路。

最终,父母和孩子都会在这条共同成长的道路上变得更加优秀。

愿所有孩子都能在温馨有爱的环境中把握自己的人生。愿所有父母都能够见证自己的每一次成熟与蜕变。愿所有家庭的父母和孩子都在爱与被爱中共同成长。

目 录
CONTENTS

01 思维记录表
——帮助大家培养理性思维的工具

为了帮助我们理性地看待发生在孩子身上的问题，我们可以使用思维记录表（见表1），记录事件以及面对事件时个体产生的思维和应该产生的思维。

①记录事件可以帮助个体更客观地观察和了解事实。通过记录事件，个体可以回顾和分析自己的行为、思维和情绪，从而更清晰地认识自己的认知偏差。

②记录事件也有助于个体更好地认识自己的思维模式，从而更好地理解自己的认知偏差。

>>> 使用说明

① 列出让我们产生消极情绪（愤怒、生气等）的事件，比如孩子边看电视边写作业；在学习时偷偷玩手机；作业拖到晚上10点才写。

② 写下发生这件事时，我们的自动思维。

③ 记录当时的情绪。

表1 思维记录表

事件	自动思维	情绪	理性思维	新的情绪
①	②	③	④	⑤

④ 对照认知偏差卡片（见图1），评估自己的自动思维陷入了哪种偏差，填写面对这件事时，应有的理性思维。

⑤ 填写理性思考后新的情绪。

认知偏差

认知偏差是一组非理性信念，通过影响我们看待世界的方式，进而影响我们的感受和行为。每个人都可能会产生认知偏差，但若过于频繁或极端，则会带来消极影响。以下是一些常见的认知偏差。

夸大或缩小 高估或低估事情的重要性。认为自己的错误极其严重或认为自己的成就是不重要的。

灾难化 无限放大可能的负面后果，把事情往最坏的方面想。"这次没考好，高考就考不好，上不了好大学，没有好未来。"

以偏概全 将一件或几件事的后果扩大到所有情况。"我这次问题回答得不好。"→"我每次都回答不好。"

非黑即白 以一种绝对化的方式思考，如"永远""从来"。"我从来没有做好过任何工作。"

理所当然 认为事情应该成为特定的样子。"我不应该出错。""我应该总是表现得很完美。"

自我连带	认为他人的反应都与自己有关。 "妈妈今天不高兴，一定是我做了什么让她不满意的事情。"
贸下结论	证据不足时对某个情况做出理解和判断。
读心术	没有足够根据地认为自己知道其他人在想什么。 "他肯定看不起我。"
选择性关注	只关注事情消极的方面。 "有人给我们组打了低分，说明我们做得很差。"（也有人打高分）

图 1　认知偏差卡片

>>> 思维记录表的使用示例

当我发现孩子在偷偷玩手机时，我特别愤怒，一想到他学习成绩不好，整天惦记玩手机，对学习一点儿都不上心，我就气不打一处来（见表 2）。

表 2　思维记录表

事件	自动思维	情绪	理性思维	新的情绪
孩子偷偷玩手机	认为他学习成绩不好，跟整天惦记玩手机有关	愤怒	④	⑤

（对照认知偏差卡片后）

我夸大了玩手机对孩子的影响，认为孩子成绩不好，都与玩手机有关；以偏概全地评价了孩子，这一次他偷偷玩了手机，就认为孩子总是在偷偷玩手机；因为灾难化了事件本身，所以非常愤怒。

在理性思考后，我发现孩子并不是经常偷偷玩手机，我也没有跟孩子约定好什么时间可以玩多久手机，因此孩子在想玩手机时，可能就会偷偷玩。孩子的学习成绩不好，并不都是玩手机引起的，我应该在日常学习中帮助孩子提高成绩。

思考后，虽然还会有些生气，但我发现自己要做的、能做的还有很多，我可以和孩子共同进步（见表3）。

表 3　思维记录表

事件	自动思维	情绪	理性思维	新的情绪
孩子偷偷玩手机	认为他学习成绩不好，跟整天惦记玩手机有关	愤怒	设置规则，什么时间可以玩多久手机　孩子学习成绩不好，并不都是玩手机引起的，要帮助孩子找到提高学习成绩的方法	还有些生气，但更多的是找到了解决方案的收获感

>>> 使用重点

我们的思维是随时在变化的，它与我们的情绪和周围环境对我们的影响有很大关系。比如，孩子昨天偷偷玩手机，我们因为心情好，所以产生的自动思维是"没关系，让他玩一会儿吧"，但我们今天心情不太好，面对同一种情况，就会很愤怒。

因此，在评估自动思维时，我们应尽量多问自己此时此刻对待事情的看法。

随着我们多记录、多思考，对待同一个问题，我们的思维方式会更加理性，我们不再陷于情绪之中，可以更快地找到解决问题的方法。

小练习

回顾最近一次让我们产生消极情绪的孩子的行为，并填写思维记录表。让我们和孩子共同成长吧。

02

行为正轨仪
—— 帮助家长纠正行为的工具

行为正轨仪可以帮助我们判断对孩子的奖励和惩罚是否有效。

奖励的最终目的，是让正确的行为得到强化，增加正确行为发生的频率。

惩罚的目的是纠正孩子的错误行为。

我们给出奖励和惩罚的卡片，帮助父母抓住奖励和惩罚的关键点，并给出奖励和惩罚的有效方式，父母可以对照孩子需要纠正的行为，选择性地使用卡片。

>>> 使用说明

① 理解正强化、负强化、正惩罚、负惩罚的行为及优缺点（见图 2）。

正强化就是直接给予让人愉快的刺激，负强化就是消除一些让人不愉快的刺激。以"今天孩子跳绳多跳了 200 下"为例，妈妈奖励了孩子一根雪糕，这是正强化；妈妈免除了原来布置的背单词的任务，这是负强化。

正强化

给予愉快刺激

行为频率增加

优点：建立积极关联

缺点：可能导致行为依赖外在奖励，一旦奖励消失行为减弱

A

负强化

消除厌恶刺激

行为频率增加

优点：减少负面情绪

缺点：可能培养逃避的习惯，无助于认同正确行为本身

B

正惩罚

给予厌恶刺激

行为频率减少

优点：可以迅速减少错误行为

缺点：可能引起负面情绪和抵触；无法教会正确的代替行为

C

负惩罚

消除愉快刺激

行为频率减少

优点：减少或抑制错误行为

缺点：可能引起负面情绪和抵触；无法教会正确的代替行为

D

图 2　行为正轨仪

正惩罚就是给予让人不愉快的刺激，而负惩罚则是消除让人愉快的刺激。比如孩子没按时完成作业，家长批评他一顿，这是正惩罚；不让他看电视，则是负惩罚。

②列出孩子近期可被奖惩的行为，填进奖惩措施表（见表4）。

被奖励的行为：孩子最近积极完成作业、成绩提高等。

被惩罚的行为：孩子熬夜玩手机、上课睡觉等。

表4　奖惩措施表

被奖励的行为：							
正强化				负强化			
表扬	陪伴	把选择权交给孩子		作业免除	家务免除	惩罚免除	批评免除
具体做法				具体做法			

被惩罚的行为：							
正惩罚				负惩罚			
口头惩罚	体力惩罚	自我惩罚	任务惩罚	时间限制	奖励剥夺	情绪降温	活动限制
具体做法				具体做法			

③根据被奖惩的行为，选择奖惩方式，画√。

奖惩方式关键点及示例如图3所示。

正强化

表扬

关键点

表扬具体的想要强化的行为
根据情况表扬努力或（和）能力

示例

"你这次写作业的时候很专心，20分钟就写完了，特别棒！只要专心你就能写得又快又好"

陪伴

关键点

陪伴的时间内要专心
让孩子感受到家长全然的关注
多和孩子互动

示例

带孩子去公园玩、去爬山、去打球、和孩子一起下棋等
过程中尽量关注孩子

奖励

关键点

带孩子做他喜欢的事，但不必一直强调因特定行为结果才奖励孩子

示例

"最近你特别辛苦，周末妈妈带你去吃好吃的吧"

把选择权交给孩子

关键点

让孩子自己选择想做的事情或做计划

示例

"前段时间你表现很好，不如你来规划我们周末去哪里玩？"

负强化

作业免除

关键点

免除额外要求的作业

示例

由于上次考试考得好，这周不必写额外的练习题

家务免除

关键点

免除一定的任务或工作量，但如果是孩子本身就想回避的任务，应谨慎免除

示例

如果这一周都在晚上九点前完成作业，周末可以不用补课

惩罚免除

关键点

取消之前的惩罚，可以与正惩罚结合使用

示例

孩子考试成绩好，父母返还没收的手机

批评免除

关键点

在某件事上持续表现好，下次时不好时不批评孩子

示例

孩子最近一段时间都按时起床，但今天起晚了，父母说："这段时间内已经表现得很好，偶尔起晚一次没关系"

正惩罚

口头惩罚

关键点

针对具体的行为表达不赞同，而不是否定孩子整个人

示例

"今天你边玩手机边写作业，导致作业没有完成，妈妈认为这样不好"

体力惩罚

关键点

尽量在同题行为也与体力有关时使用

示例

"今天你最后一个吃完饭但没有收拾餐桌，打破了我们的约定。因此接下来一个星期，你负责洗盘子"

自我惩罚

关键点

让孩子认识到自身的问题后自己选择解决的方式

示例

孩子把家里弄得很乱，告诉他这样做给他人带来的不便，让他自己选择处理方式

任务惩罚

关键点

布置额外的任务

示例

"由于这周没有好好完成数学作业，下周每天要多写五道数学题"

负惩罚

时间限制

关键点

限制与孩子不良表现相关的行为时间

示例

由于玩游戏时间太多影响到学习，将游戏时间限制为每3天1小时

奖励剥夺

关键点

剥夺表现良好时能得到的奖励

示例

由于最近作业完成情况不佳，每周末看电影的时间取消

情绪降温

关键点

批评孩子后，在一段时间内保持严肃，让孩子通过情绪认识到父母的态度

示例

父母批评孩子最近没有完成作业，孩子试图通过打趣蒙混过去，但父母仍然保持严肃，孩子意识到了问题的严重性。

活动限制

关键点

限制孩子的活动，但注意不要破坏已有的约定

示例

由于老师反映孩子在课堂上捣乱，不允许孩子周末去参加同学的生日派对

图3 奖惩方式关键点及示例

④ 列出选择的奖惩方式下的具体做法。

>>> 奖惩措施表的使用示例

被奖励的行为：孩子最近积极完成作业、成绩提高等。

被惩罚的行为：孩子熬夜玩手机、上课睡觉等（见表5）。

表5 奖惩措施表使用示例

②被奖励的行为：孩子最近积极完成作业、成绩提高						
正强化			负强化			
表扬	陪伴	把选择权交给孩子	作业免除	家务免除	惩罚免除	批评免除
③√			③√			
④对孩子说："你最近完成作业积极主动，进步很大"			④对孩子说："这周可以不做额外的练习题了"			

②被惩罚的行为：孩子熬夜玩手机、上课睡觉						
正惩罚			负惩罚			
口头惩罚	体力惩罚	自我惩罚	任务惩罚	时间限制	奖励剥夺	情绪降温	活动限制
		③√		③√			
④告诉孩子："你现在的行为对自己的健康和学业很不负责。"让孩子自己想出解决办法				④限制孩子这周用手机的时间，如一周只能玩两小时			

>>> 使用重点

在选择奖惩方式时，我们可根据孩子近期的表现，自由选择，无须使用固定组合。

但需要注意的是，尽量不要用物质奖励；孩子本应该做的事，不要奖励；改正错误应该给奖励。在惩罚孩子时，一定要有统一的标准。针对孩子相同的行为，我们也可以采用不同的奖惩方式。

填写完奖惩措施表，我们可以在一段时间内将其保留，以便及时复盘我们设置的具体措施是否有效。若无效，我们可以更换措施或与孩子协商，以便更加了解孩子。

小练习

孩子最近一定既有正确积极的行为，也有打破规则的行为，我们可以记录一两件，并找到合适的奖惩方式，帮助孩子培养正确的行为习惯。

03 归因测试问卷
——帮助家长测试对孩子归因的工具

我们对孩子的行为结果一般有四个归因：努力、运气、能力、难度。家长对不同事件的不同归因，都会影响孩子的自我效能、责任感、自信等。

比如，对于孩子"这次考试取得了理想的成绩"这件事，四个归因将会得出以下四个答案。

A. 孩子最近学得很不错

B. 这次正好考了孩子会的知识

C. 孩子擅长这门课程

D. 这次考试比较简单

从这四个答案中可以看出：A 归因为努力；B 归因为运气；C 归因为能力；D 归因为难度。

不同的归因有不同的影响，对于成功事件：①努力和能力被认为是积极归因；②运气和难度被认为是消极归因。对于失败事件：①努力和难度被认为是积极归因；②能力和运气被认为是消极归因。

为了测试出我们对孩子行为结果的归因是积极归因还是消极归因，可以设置以下问卷测试（见图 4）。

① 题目背景是孩子在日常学习和生活中常见的场景，有些场景父母之前可能遇到过，父母需要按自己平时最常做出的反应进行选择；如果是没有遇到过的场景，父母可以选择自己最有可能做出的反应。

在以下场景中，请你根据最有可能 / 最常做出的反应进行选择。

1. **孩子考试取得了理想的成绩。**

   A. 孩子最近学得很不错　　　　　B. 这次正好考了孩子会的知识

   C. 孩子擅长这门课程　　　　　　D. 考试比较简单

2. **和朋友玩游戏，孩子赢了。**

   A. 孩子很会玩这个游戏　　　　　B. 输赢都是随机的

   C. 孩子擅长玩游戏　　　　　　　D. 跟孩子玩的人不太会玩这个游戏

3. **到了一个新环境，孩子很快融入了大家。**

   A. 孩子表现得很积极　　　　　　B. 这个环境里的人都很友好

   C. 孩子受别人欢迎　　　　　　　D. 大部分人都很友善

4. **评委夸奖孩子演讲表现得好。**

   A. 孩子为这次演讲付出了很多　　B. 这个评委孩子之前认识

   C. 孩子有演讲的天赋　　　　　　D. 这次演讲的题目比较简单

5. **孩子考试没有考好。**

   A. 最近学的知识孩子没有掌握　　B. 这次考的都是孩子不会的

   C. 孩子就是学不好这门课　　　　D. 这门课太难了

6. **孩子在课上发言，没有得到老师的表扬。**

   A. 孩子回答得不够准确　　　　　B. 老师今天心情不好

   C. 老师不喜欢孩子　　　　　　　D. 老师的要求比较高

7. 孩子没有按时完成数学作业。

    A. 孩子没有规划好时间   B. 有特殊的事情影响了孩子

    C. 孩子不擅长这个科目   D. 作业太难了

8. 孩子的汇报被老师批评。

    A. 孩子准备得不够充分   B. 今天太倒霉了

    C. 孩子能力不足   D. 老师思路和孩子不同

图4　归因测试问卷

② 统计每道题各选项被选择的次数。题目1~4是成功事件，题目5~8是失败事件，分别统计。

③ 对比以下答案，查看归因方式。

A. 努力　B. 运气　C. 能力　D. 难度

④ 按照图5调整自己的归因。

对于成功事件：尽量选择努力和能力归因；对于失败事件：选择努力和难度归因。

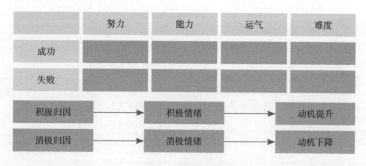

图5　归因方式

⟩⟩⟩ 问卷测试的使用示例

1. 孩子考试取得了理想的成绩。

C. 孩子擅长这门课程

2. 和朋友玩游戏，孩子赢了。

B. 输赢都是随机的

3. 到了一个新环境，孩子很快融入了大家。

B. 这个环境里的人都很友好

4. 评委夸奖孩子演讲表现得好。

A. 孩子为这次演讲付出了很多

5. 孩子考试没有考好。

A. 最近学的知识孩子没有掌握

6. 孩子在课上发言，没有得到老师的表扬。

A. 孩子回答得不够准确

7. 孩子没有按时完成数学作业。

B. 有特殊的事情影响了孩子

8. 孩子的汇报被老师批评。

A. 孩子准备得不够充分

② 统计题目1~4各选项被选择的次数：A 三次；B 两次；C 一次。

统计题目 5~8 各选项被选择的次数：A 三次；B 一次。

③ 对比以下答案 A. 努力   B. 运气   C. 能力   D. 难度

由此可知，成功事件常归因为运气；失败事件常归因为努力。

④ 调整归因

成功事件，归因为运气，对孩子不利，应调整。成功事件，应多归因为努力和能力，多夸赞孩子是因为努力和能力才成功的。

>>> 使用重点

此问卷测试的题目有限，无法列出全部场景，我们可根据孩子日常生活中的场景，自我归因，最后按照第四步对比和调整自己的归因。

对于同一件事情，在不同时间里，我们的归因可能会随着外界环境的变化而变化，此时我们也不必纠结于一次归因的结果。我们首先要改变的是对孩子的长期固有消极判断。若我们意识到我们的归因只有一两次是消极的，其他时候都是积极的，我们可以跟孩子沟通，说明我们为什么会进行消极归因，这样孩子在理解我们的同时，自信心和自我效能也不会受到影响。

小练习

现在就开始做问卷测评吧，也可额外多列出几个情景，判断归因，积极调整。

优势圆环
——帮助家长对孩子的优势进行自评

智力不是单一的，而是由多种不同的智力组成的。每个人在这些智力方面都有不同的天赋和潜力，也都能在自己擅长的领域中取得成功。

如果我们发现孩子好像很难在学习上取得成功，或者我们不知道孩子在哪些方面占据优势，我们就可以尝试利用优势圆环，挖掘和发展孩子的优势。

>>> 使用说明

① 记录孩子擅长的方向

根据对孩子的认识和了解，家长可以在优势八边形的不同维度上涂上不同的颜色，表明孩子在这个维度有多擅长；最擅长涂满五个格子；较擅长涂四个格子；孩子没有表现出擅长或者不擅长，涂三个格子；不擅长涂两个格子；特别不擅长涂一个格子（见图6）。

图 6　优势八边形

② 涂四至五个格子为优势项，找到并列出孩子的优势。

③ 根据优势制定个性化培养方案，包括短期和长期方案。

短期方案即一至三个月的目标，长期方案即孩子未来的发展方向或事业，可参照优势圆环的最外侧，也可在与孩子沟通后写下（见图 7）。

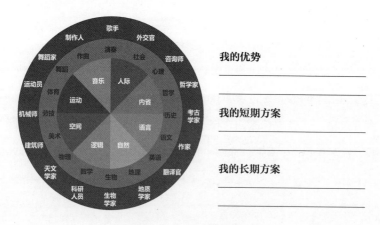

图 7　个性化培养方案

>>> **优势圆环的使用示例**

① 记录孩子擅长的方向

比如，家长觉得孩子非常擅长逻辑思维，那就涂满逻辑维度的五个格子。除了逻辑思维，孩子也比较擅长人际关系和语言表达，因此给这两个维度涂上四个格子。孩子不擅长音乐、运动、空间，其中运动是特别不擅长的，那就只给运动维度涂一个格子，给音乐和空间维度分别涂两个格子。其他维度，包括内省和自然，孩子没有表现出擅长或不擅长，就涂三个格子（见图 8）。

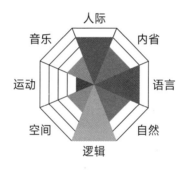

图 8　优势八边形示例

② 涂四至五个格子为优势项，找到并列出孩子的优势。

孩子的优势是逻辑智力、语言智力、人际智力。

③ 根据优势制定个性化培养方案，包括短期和长期方案。

短期方案可以是参加学校组织的演讲比赛，长期方案可以是成为一名优秀的数学老师（见图 9）。

我的优势

逻辑、语言、人际。

_____

_____

我的短期方案

参加学校组织的演讲比赛。

_____

_____

我的长期方案

成为一名优秀的数学老师。

_____

_____

图9　个性化培养方案示例

▶▶▶ 使用重点

　　需要注意的是，这里的优势是和孩子自己比，而不是和别人比。

　　在方案制定上，无论是短期方案还是长期方案，都应该围绕着孩子的优势进行，同时考虑孩子的兴趣，在实践中不断调整和完善。对于其他弱势方向，可以在适当的情况下对孩子进行培养和提高，但不要本末倒置，还是要以孩子的优势作为重点培养方向的。

小练习

　　根据对孩子的认识和了解，找到孩子的优势并制定个性化培养方案。

05 角色轮盘
——帮助家长和孩子了解和尊重对方的情绪

"角色轮盘"可以被当作一个情绪管理工具。当我们和孩子发生冲突，比如孩子磨磨蹭蹭就是不肯写作业时，我们的情绪一般都会表现得更焦急、烦躁，当下的情绪很容易让我们失去理智，最后"两败俱伤"。这时，我们确实很难做到角色转换，因此"角色轮盘"更适合在日常生活中练习和使用。

"角色轮盘"需要三个人同时参与：父母（可以是父母中的一人）、孩子和旁观者。父母和孩子首先需要对发生冲突的场景进行描述，并且以自己本来的身份对这个场景进行感受或情绪的表达，然后互换身份，再次表达自己对于对方感受和情绪的预测。在这个过程中，旁观者全程记录双方的主要话语，最后三人一起进行复盘和总结。

>>> 使用说明

角色：父母、孩子（10岁以上参与更合适）、旁观者。

家长：填写背景卡、填写对话卡（预测孩子会说的话）、以父母身份对话、以孩子身份对话。

孩子：填写背景卡、填写对话卡（预测父母会说的话）、以孩子身份对话、以父母身份对话。

旁观者：填写场景卡、抽取场景卡、记录主要对话。

步骤

父母可自行准备若干张卡片，分别标记为：场景卡、背景卡、对话卡（见图 10）。

图 10　所用卡片分类

① 填写场景卡：让父母和孩子共同描述一些冲突场景，由旁观者记录并填写场景卡。

② 填写背景卡：让父母和孩子分别填写五至六张背景卡，写出在过往冲突中自己所处的背景，如在工作中和上学时会面临的事情。

③ 抽取场景卡：抽取一张刚刚填写的场景卡。

④ 填写对话卡：让父母和孩子根据自己对对方的了解，分别将对方在该冲突场景中可能说的话写在一张卡片上。

⑤ 开始对话：父母和孩子先以各自原本的身份进行对话，过程中，由旁观者记录主要对话。

⑥ 互换角色：父母和孩子从对方填写的背景卡中抽取两至三张，互换身份，以对方的身份（孩子变成父母，父母变成孩子）进行对话。过程中，由旁观者记录主要对话（见图11）。

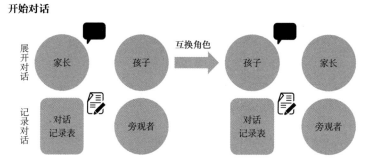

图11 开始对话与互换角色示例

⑦ 复盘总结：对比旁观者的对话记录和开始对话前填写的对话卡，双方交流感受和体悟。

简易版角色轮盘

①分组：三人一组，自由分配身份。

②填写背景卡：父母填写背景卡，写出在过往冲突中自己所处的背景。

③开始对话：对话双方从父母填写的背景卡中抽取两至三张，

进行对话，由旁观者记录。

④互换角色：孩子变为父母，父母变为旁观者，旁观者变为
孩子，重复步骤3。

⑤互换角色：重复步骤4。

⑥复盘总结：三人交流感受和体悟。

>>> 角色轮盘的使用示例

①填写场景卡：孩子晚上九点才开始写作业、每天早上闹钟
响很多次也不起床、考试前紧张。

②填写背景卡（见图12）。

图12　背景卡填写示例

③抽取场景卡：孩子晚上九点才开始写作业。

④填写对话卡。

父母预测孩子可能说："我不想写作业，我只想玩，我还没玩够呢！"

孩子预测父母可能说："都几点了你才开始写作业！每天都要人催，学习是你自己的事，能不能自觉一点！"

⑤ 开始对话。

父母会说的话："作业可以写得慢一点，但不能不写，更不能占用睡觉的时间写。"

孩子会说的话："作业好多、好难啊，我怕我不会写，我怕我写不完。"

⑥ 互换角色。

父母以孩子的身份对话（身份互换）："今天的作业真的好多，我不知道从哪里写起，要是爸爸妈妈可以帮我安排一下时间就好了。"

孩子以父母的身份对话（身份互换）："无论怎样都要保证足够的睡眠时间，睡眠不足，明天就不愿意起床，上学更没精神了。"

⑦ 复盘总结：旁观者记录下主要对话后，就可以进行复盘和总结了。

孩子遇到了问题，需要父母的帮助，但是没有及时沟通。

父母发脾气的原因是联想到了坏的结果——睡眠不足，上学没精神，但是没有关注孩子当下的想法和情绪。

>>> 使用重点

开展对话的前提是，父母和孩子是自愿的，并且彼此要尊重事实。在填写卡片时，一定要实事求是。旁观者只记录，不参与提供意见。

在填写场景卡时，可以尽量多填写一些冲突场景，这些场景最好是家长与孩子共创的。

小练习

在与孩子协商后，三人找一个放松的环境，开始使用角色轮盘。相信我们和孩子一定可以更加了解彼此。

06 情绪日记
——帮助家长和孩子认识到自己的情绪

鼓励孩子记录自己的情绪和触发情绪的因素，帮助他厘清情绪的根源，也就是让孩子写"情绪日记"（见图13）。

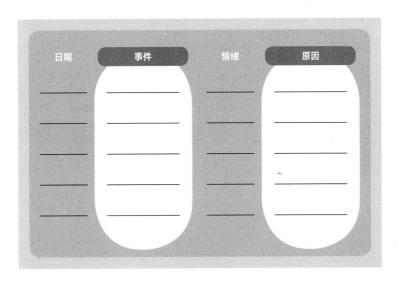

图13 情绪日记

>>> 情绪日记的使用示例

比如，记录因为玩手机而没有按时完成作业这件事。

① 记录事件：今天回家玩手机没写作业，被妈妈反复催促提醒。

② 记录情绪：妈妈的催促让我感到紧张、烦躁，甚至有压力。

③ 写下情绪产生的原因：最近很多课程内容都没学懂，也没跟上学习进度，拖欠了许多作业，想逃避。

另外，家长也可以记录自己的情绪（见图 14）

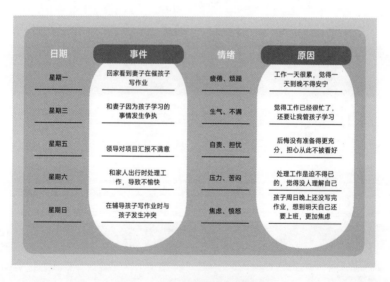

图 14　家长使用情绪日记示例

>>> 使用重点

　　家长在记录事件时，可以比较清晰地分析原因，但孩子不一定会记录得清晰准确。家长尽量以引导为主，旨在帮助孩子养成察觉情绪的习惯，不必对记录内容的准确与否做过多评判，随着孩子年龄的增长，便会记录得更加清晰。

　　让孩子写情绪日记的目的有三个：第一，记录是什么事情让孩子产生了这样的情绪；第二，记录孩子的反应是什么，也就是记录孩子情绪的识别——我产生了什么样的情绪，为什么产生；第三，记录孩子是怎样表达情绪的。

　　这些记录，不仅可以更好地帮助孩子调节情绪，还能让家长更及时地察觉孩子的情绪、更好地了解孩子，从而引导孩子正确地"发"脾气。

　　家长也可以用情绪日记察觉自己的情绪，以便更好地调节情绪。

>>> 使用说明

　　① 记录事件

　　② 记录情绪反应

　　③ 写下情绪产生的原因

小练习

可以准备一个单独的本子，每晚睡前回忆一天中的情绪事件，记录并反思。

回应清单
　　——通过激励激发孩子的学习动力

　　当孩子拖拉磨蹭时，家长可以选择不同的激励方式来激发孩子的动力。

　　外部激励：通过外在奖励激发孩子的动机。

　　内部激励分为自主激励、能力激励和关系激励。

　　自主激励：使个体感到自己是行为和决策的主体，能够自己选择和掌控自己的生活，有自主决策的权利，而不是被迫做决策，行为符合自己的内在价值观和兴趣。

　　能力激励：使个体感到能够在活动和任务中成功，有能力达成目标和自我提升，获得恰当反馈。

　　关系激励：使个体感到与他人具有良好、亲密的关系。

>>> **使用说明**

　　① 列出孩子消极的行为事件（见表6）。

表6　行为事件

①行为事件:			
②动机判断:			
外部激励	自主激励	能力激励	关系激励
③√			
④具体做法			

②进行动机判断。

③选择激励方式: 对照回应清单, 自主选择激励方式 (见图 15)。

④写出具体做法。

外部激励

□增加零花钱
　孩子达成某目标后增加孩子可以自由支配的零花钱数额
□物品奖励
　询问孩子喜欢的物品, 承诺达成某目标后购买
□书籍赠予
　孩子持续表现好时赠予他喜欢的书籍
□礼物惊喜
　不定期地对孩子的进步给予小礼物奖励, 肯定孩子的进步并制造惊喜
□外出就餐
　许诺孩子取得进步或完成任务后可以选择喜欢的餐厅外出就餐, 犒劳孩子
□额外使用时间
　允许孩子在完成阶段性目标或任务后拥有额外的电子设备使用时间
□周末活动
　许诺孩子在取得进步或完成任务后的周末参与一些活动, 如郊游、野餐、去游乐园等, 作为休息和奖励
□假期旅行
　承诺孩子在达成某个长期重大目标后的假期去一个向往的地方旅行, 奖励孩子在达成目标过程中的持之以恒

内部激励

原则1: 自主感
□提供选择权
　给孩子提供一些可选的活动、任务或选项, 让他们能够在一定的范围内自由选择
　示例: "上次我们说好周末一起出行, 你希望先出去玩再写作业, 还是写完作业再出去玩?"
□给予决策权
　让孩子参与决策过程, 鼓励孩子自主做出决定
　示例: 让孩子制订和安排家庭的假期旅行计划
□重视孩子的兴趣和好奇心
　关注孩子的兴趣爱好, 鼓励孩子在感兴趣的领域自我表达、勇敢探索
　示例: "你最近看了什么小说, 可以给我讲讲有意思的内容吗?"
□尊重孩子的意见
　对孩子的意见给予充分重视, 让他们感受到自己的声音是被尊重且重要的
　示例: "你好像对这个安排不是很满意, 可以说说你的意见吗?"
□鼓励独立思考
　鼓励孩子独立思考问题, 发表自己的观点
　示例: "最近这个人格测试好像很流行, 你是怎么看的呢?"

内部激励

原则2：能力感

□ **辅助达成目标**

帮助孩子拆解目标、制订计划，协助孩子达成目标

示例："我知道最近的数学知识有些难，但我相信你可以掌握。我们可以一起梳理一下现在的问题，一步一步解决它"

□ **积极称赞**

√ 称赞努力

你为这次汇报付出了很大的努力，我真的很欣慰

√ 突出具体表现

你这次考试提前制订学习计划，有条不紊地复习，真的很棒

√ 肯定能力

这次数学考试考得很好，你在数学上有很大潜力，要有自信

√ 强调进步

你最近回家都是写完作业再玩，进步非常大

√ 肯定创造力

你设计的海报真的很好看，非常有创意，希望看到你的更多作品

内部激励

原则3：人际关系归属感

□ **表达关心和支持**

通过语言和行为表达对孩子的关心和支持，让他们感受到无条件的接纳和安全感

示例："不要感到太大压力，无论你做出什么决定，我都永远支持你"

□ **定期深度沟通**

与孩子定期进行一对一的深度沟通，了解孩子近期的状态、经历、想法

示例："最近在学校过得怎么样，发生了什么有意思的事吗？"

□ **建立情感连接**

当孩子面临情绪困扰时，倾听他们的感受，提供理解和支持

示例："妈妈看到你最近有些低落，如果你想说说的话，可以随时找我"

□ **举行家庭活动**

举行家庭活动，促进家庭成员之间的亲密关系加深

示例："这周末我们一起去爬山怎么样？"

□ **支持社交参与**

鼓励孩子参与学校和社区的社交活动，提供支持与帮助，协助他们扩展社交圈

示例："这周末学校是不是有活动？妈妈鼓励你参加。如果需要接送，我们可以帮忙。"

图 15　回应清单

>>>回应清单的使用示例

比如，针对孩子写作业拖拉磨蹭。

① 行为事件：孩子写作业拖拉磨蹭（见表7）

② 进行动机判断：缺乏内部动机，害怕有难度。

③ 选择激励方式：肯定能力，深度沟通。

④ 写出具体做法。

表7 行为事件示例

①行为事件：孩子写作业拖拉磨蹭			
②动机判断：害怕面对该科目的难点，缺乏内部动机			
外部激励	自主激励	能力激励	关系激励
		③√	③√
④具体做法：和孩子一起梳理问题，制订学习计划，告诉他暂时不懂不代表学不好；倾听孩子讲述自己的经历和感受			

>>>使用重点

在选择激励方式时，家长可根据孩子近期的表现自由选择，无须使用固定组合。但家长一定要分析出孩子缺少的是内部动机还是外部动机，从而进行激励。

我们不能一味地激发外部动机，当外部激励撤除时，动机会减弱。

小练习

列出近期孩子缺少动机、没有动力的事件，选择激励方式，制定具体做法。

08 目标金字塔
——将愿望转化成具体目标来实现

很多时候，家长对孩子的期望都只是愿望，比如考上重点中学。愿望往往并不客观，大多数是模糊的，有些愿望的难度系数还很大。但目标不同于愿望，目标应该是清晰的、可执行的，而且难度要适中，孩子通过努力能够达成。只有合理的目标才能激发孩子的主动性。

>>>使用说明

① 将愿望转换为明确的目标。

② 制定具体方案，制定原则为切实可行，包含具体的细节。

③ 讨论可行性：考虑自己当前的水平和投入的时间精力，有挑战但不过于困难。

④ 设定衡量指标。

⑤ 设定截止日期。

>>>目标金字塔的使用示例

愿望：在期末考试中，数学成绩进入年级前 100 名（见图 16）。

① 将愿望转换为明确的目标。

在期末考试前梳理本学期的错题，弄懂不会的知识点。

② 制定具体方案，制定原则为切实可行，包含具体的细节。

这个月周一、周二晚上整理作业本上的错题，周三、周四晚上整理试卷上的错题，每天晚上至少做五道练习题。

③ 讨论可行性：考虑自己当前的水平和投入的时间精力，有挑战但不过于困难。

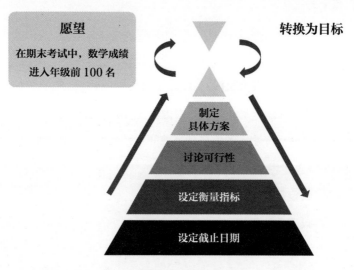

图 16　目标金字塔使用示例

五道练习题可能有些多，为保证完成质量，留出余地，改为每天晚上做两道练习题。

④ 设定衡量指标。

完成本学期所有单元考试错题的整理，以及做完40道练习题。

⑤ 设定截止日期。

下个月第一周周五晚上八点之前。

>>>使用重点

在使用目标金字塔时，家长应与孩子多沟通，根据孩子的自身情况制定具体方案，在制定过程中一定要尊重现实，并与孩子确认目标及细节。在方案制定后，孩子没有完成当天目标，可具体评估当日发生的事件，如果多日未完成当天目标，我们一定要再次讨论方案的可行性，以保证高质量完成。如果孩子的能力是足以完成的，但缺乏动力，家长可配合使用回应清单，进行外部或内部激励。

小练习

跟孩子一起设定一个近期的小愿望吧，一起拆解目标，帮助孩子达成目标。实现愿望的过程，也是亲子关系共建的过程，让我们陪伴孩子共同起航。